U0094029

我的情緒，我自己決定！

消消氣，別跟自己過不去。

專業心理諮商師
黃德惠 著

熄滅生活中的怒火。

我有一位好友在生氣的時候常說：「讓我發洩一下就好了！」但是，根據我的觀察，在抱怨完之後，她往往會變得更加憤怒。雖然，我每次都會傾聽她的怨言，安撫她的情緒，並剖析事情的本質，讓她明白那些都只是日常生活中不免會遇到的瑣事，不過，看她常常為小事感到不滿，我不免有些擔心她的情緒會影響到日常的生活。

某次聚餐時，我問她：「你每次發洩情緒之後，有比較好過嗎？」她想了想，認為自己其實並沒有因此而感到舒坦，但是，每次一遇到不順心的情況，她就控制不了自己的情緒，往往都在發了火之後，才後悔之前不該為此動怒。

我們都知道生氣的壞處，也不想成為一個愛發脾氣的人，但是，一面臨不合心意的事，就很容易忘記自己已知的道理。其實，生活中難免會遇上讓自己不滿的情境。在這

種時刻，要理解生氣並非唯一的選項，有的時候，只要你能在當下轉換念頭，用另外一種心境去面對，或許就能順利地熄滅怒火了。

上述說起來似乎很簡單，真正做起來卻不是一蹴可及的目標，需要時間的累積。但是，既然我們都不喜歡被憤怒主導情緒，也不願意自己在無意中傷害到自己重視的人，不妨試著改造心態，讓自己活得更輕鬆、愉快。

輔導過眾多與情緒控管相關的案例後，我發現生氣的原因往往源於自己的內心。比方說，如果在任何事情上都有不可退讓的原則，就很容易為了小事動怒。當然，有原則不是不好，只是，當我們的生活中充斥著各式各樣的框架，就很容易為了這些而煩惱。再加上並不是每個人都理解你的性格，因此，就可能在無意中跨越你能忍受的界線。

如果各位讀者也常常踩不住憤怒的煞車，並已經厭倦這樣的自己，不妨在生活中開始改造自己的心態。只要掌握住一些基本的原則，就不需要受到怒火的折磨，也不會在無意中傷害了那些真正關懷自己的親朋好友。

法國文豪雨果曾說：「寬容就像清涼的甘露，澆灌了乾涸的心靈；寬容就像溫暖的壁爐，溫暖了冰冷麻木的心；寬容就像不熄的火把，點燃了冰山下將要熄滅的火種；寬容就像一只魔笛，把沉睡在黑暗中的人叫醒。」

寬容是釋放情緒的第一把鑰匙，本書中還談及許多轉化情緒的觀念、應用的方式，等著你去領悟。一旦我們能拋開情緒的拖油瓶，生活就會更加輕鬆愜意，從此告別怒氣高漲的壞心情，迎接高EQ的自己和廣結善緣的人際關係！

目　錄

目　錄

Part 3 戰勝愛比較的心魔，掙脫欲望的掌控力

目錄

Part 4 打開心胸，寬恕別人就是放過自己

Part 5 順其自然輕得失，該放下時且放下

目　錄

常懷感恩心，消除嗔恨心

生氣與失控，往往都是自尋煩惱的結果，

你可以將時間浪費在情緒的消耗，

但如果轉換一下思緒能讓自己更快樂，

為什麼不嘗試一下呢？😅

Part 1

都是自己氣自己，沒事不要自尋煩惱

Say Goodbye To Your Anger

Don't let the bad moods turn you down. Take everything ea

Q 你是一座情緒化的活火山嗎？

你因睡過頭而常常錯過早晨的黃金時段，決心從明天開始做個有效率的「朝活族」，為了讓自己早起，你覺得在早晨睜開眼的瞬間，什麼樣的氣味最能讓你感到精神百倍呢？

A. 窗台上盆栽的花草芳香。
B. 濃郁又提神的咖啡香。
C. 豐盛早餐的陣陣飄香。
D. 空氣中洋溢著薰香或精油的味道。

性格解析

☑ 選擇A的人　火山爆發指數20％

恭喜你！在他人眼中，你是座不會因情緒起伏而波及他人的休眠火山。

你的個性內斂、行事有自己的分寸，因為你了解急躁的情緒對解決問題沒有幫助，因此不會為了一點芝麻綠豆大的小事就大動肝火，算是一個修養蠻好的人。

☑選擇B的人　火山爆發指數80%

你的脾氣蠻大的，對其他人而言，是座難以掌控的小火山喔！

遇到問題的時候，如果你心情好，就能冷靜以對，輕鬆地解決眼前的難題；但如果當天心情壞到了谷底，你的公主病、王子症就會爆發，這時旁人為了不被你的情緒流彈掃到，只好默默忍受你的壞脾氣。

☑選擇C的人　火山爆發指數60%

你是座因人而異的間歇性火山，和你越親近，反而越容易被遷怒。

你會依別人和你的交情，來判斷他能不能包容你的情緒化。如果是好朋友，你會認為對方應該體恤你，反而容易為了小事傷和氣；如果對方和你不熟，你會睜一隻眼、閉一隻眼，不好意思計較太多，這樣任性的你，小心無意中傷到親朋好友喔！

☑選擇D的人　火山爆發指數40%

你是座看似休眠的活火山，一旦被引爆，會讓眾人跌破眼鏡。

你平日總是和氣待人，為了避免破壞彼此的感情，很少會大動肝火。不過，如果有人踩到你唯一在意的「地雷區」，你的情緒就有如山洪暴發，會把脾氣出在週遭的每一個人身上。

聚焦興趣，根除愛抱怨的壞習慣

做自己最快樂的事，不要被他人左右，由自己定義成功，這樣你才能真正地擁抱幸福。

——股神　巴菲特

前微軟公司副總裁李開復曾說：「每個人都應了解自己的興趣，並在自己熱愛的領域裡充分發揮自己的潛力。」因為從事興趣，可以激發一個人的熱情，即使眼前的課業、工作看似困難重重，如果與自己的興趣相關，也會心甘情願地咬著牙努力完成，而不會處在滿腹抱怨的情緒中，這就是熱忱的力量。

就像有的學生在考上了大學之後，因為發現自己並不喜歡當初所選的科目，所以大學四年過得渾渾噩噩，念書、考試的目的只是為了一張文憑；也有的職場新鮮人，不時在抱怨工作內容與主管，上班的時候就在期待週休二日。假如你也有類似的處境，不妨檢視一下自己，是否對工作缺少了一份熱忱？如果是的話，建議你花點心思找出自己真正感興趣的領域，並拿出毅力投入其中，才不會在埋怨中虛度一生。

結合興趣與工作，再苦也不以為苦

漢德．泰萊是紐約曼哈頓區的一位神父。

某天，教區的醫院裡有一位病人生命垂危，他被請過去主持臨終的懺悔。到了醫院後，那位病人對他說：「仁慈的上帝！我喜歡唱歌，音樂是我的生命，我的願望是到全國各地去演唱。經過四十年的努力，我實現了這個願望，所以我沒有什麼好遺憾的。現在我只想說，感謝您，讓我愉快地度過了一生，並讓我用歌聲養活了我的六個孩子。現在我的生命就要結束了，但死而無憾。仁慈的神父，我只想請您轉告我的孩子，做自己喜歡做的事吧！我將會為他們感到驕傲。」

短短幾句的臨終之言，讓泰萊神父感到非常吃驚。因為這名歌手的所有家當，不過只有一把吉他。這四十年來，他每到一個地方，就開始在街頭演唱，用蒼涼渾厚的嗓音，感染他的聽眾，從而換取應得的報酬。

五年前，泰萊神父也從一位富翁口中聽過類似的臨終懺悔，當時臥病在床的富翁對神父說：「我從小就熱愛賽車，幼時就喜歡研究、改造，長大成人後，更親自投入這份產業，一輩子都沒遠離過與賽車相關的領域。這種愛好與工作不分的生活，讓我非常滿足，還能從中賺取大筆的錢，我沒有什麼好遺憾的。」一個是物質生活不虞匱乏的富翁，另一個是每日流浪、憑著街頭演唱養家的自由藝術家，但兩人的臨終懺悔竟無分別！

這些經歷深深地感動泰萊神父。當晚，他寫下一篇有感而發的文章，並將它發表於報刊，文章裡寫道：「人應該怎樣度過自己的一生才不會留下悔恨呢？我想也許做到兩件事就夠了。第一件事，做自己喜歡做的事；第二件事，想辦法從中賺到錢。」

流浪藝術家與富翁天差地遠的生活，卻孕育出同樣充滿感恩的臨終之言，和許多鎮日抱怨、氣惱自己遭遇的人相比，他們最大的幸運就是找到了自己願意為之投注心血的興趣。

當你覺得日子苦不堪言，每天都有說不盡的抱怨時，不如緩下腳步、定心思索，或許你缺少的，就是追尋興趣、與投入嗜好的那份熱忱。

讓熱忱帶領你，找到脫離負面情緒的出口

我曾看過一部以熱愛烹飪的女性為劇情主軸的電影，台灣譯為《美味關係》。

在上烹飪課時，女主角茱莉亞因為趕不上其他廚師處理食材的速度，而被旁人看輕，但她卻沒有因此陷入憂愁、發怒的情緒中；取而代之的，是更勤奮的努力，她覺得

既然自己刀工不如人，就回家勤練刀法，切了滿滿一桌的洋蔥。在邊切邊流淚的畫面中，茱莉亞專注的熱忱觸動了我的心。短短幾秒的畫面，讓我久久不能忘懷。

每個人都需要一個像茱莉亞一樣，能推動我們前進的目標。做自己喜愛的事情，才不會因別人三言兩語的批評與成見，就失去信心，甚至因心理防衛機制而將缺失轉移到對方身上，覺得別人不瞭解自己的實力而憤憤不平。

試著找出在生命中能讓你感到喜悅的事物，以及相對應的職業，例如：如果你從小就喜愛閱讀，或許你可以考慮從事出版業；如果你喜歡拆裝電器機械，可以考慮從事機電業或工程師……只要你認清自己的興趣，就一定能找到人生的方向，一旦工作定位後，就努力地參與其中，日積月累之下，就有機會成為該領域的佼佼者，與毫無目標、在工作上能混則混的窮忙族人生告別。

所以，對自己別太嚴苛，抽出一些時間去做能讓你感到放鬆的事情，哪怕只是翻幾頁小說、畫幾筆漫畫，都應該堅持。有句廣告詞說：「生命就該浪費在美好的事物上。」做你喜歡並且感受愉悅的事情，這樣不僅會達到事半功倍之效，也會讓這份熱情感染到你的工作、學習、生活……等其他生命層面，豈不一舉多得？

英國前首相邱吉爾的愛好很廣泛，其中包括騎馬、繪畫還有砌磚。此外，他不只將砌磚當成運動，更當成一份興趣在經營，還規定自己每天要砌三百塊磚。

有一天早晨，邱吉爾拉著默劇大師卓別林去看他替查特威爾大宅（邱吉爾退休後的住所，位於肯特郡）砌的圍牆。卓別林大為驚奇，因為砌牆並不是一件輕而易舉的事。但對一般人苦不堪言的工作，邱吉爾卻樂在其中，可見興趣能令人專注，再辛苦的事，也能甘之如飴，最終成為讓人佩服的成就。

應用心理學家沃爾特．D．斯科特博士曾經說過：「年輕人在正職工作之外，應該另外挑選一項他願意花費精力去投入的活動，並且從中獲得放鬆、快樂，使他暫時忘掉平日繁重的工作。」一個人願意自發性地去努力的事情一定是你所感興趣的，因此，你會全神貫注地投入其中，忘記生活中的壓力，就不會有抱怨或發怒的理由了。

興趣大搜索，確立人生使命

愛爾蘭劇作家蕭伯納曾說：「真正的閒暇並不是什麼也不做，而是能夠自由地做自己感興趣的事情。」

偉大的科學家愛因斯坦也說過：「興趣是最好的老師。」一個人一旦對某件事物產生了濃厚的好奇心，便會主動去求知、探索並實踐。不管是個人還是團體，成功的關鍵

消消氣Tips

◆從事興趣，可以激發一個人的熱情，即使眼前的課業、工作看似困難重重，如果與自己的興趣相關，也會心甘情願地咬著牙努力完成，而不會處在滿腹抱怨的情緒中。

◆做自己喜愛的事，才不會因別人三言兩語的批評與成見，就失去信心，甚至因心理防衛機制，而將缺失轉移到對方身上，覺得別人不瞭解自己的實力而憤憤不平。

都與是否能堅定自己的興趣，發揮所長息息相關。

所以，Do what you love! 做你喜歡的事情！勇敢地追求你的喜好。如此不僅能減少發怒的機會，面臨困難的挑戰時，你還能甘之如飴地去克服它。不過，當被問到自己的愛好時，很多人或許都會茫然。如果你答得出來，那麼恭喜你已找到明確的目標；如果目前沒有答案也沒關係，因為人類總是在進行永無止盡的探索，從月球的面貌、到海底的奇景，這些世人共享的成就，都是從一步步的摸索開始。只要你不自暴自棄，最終都能找到的。

那麼要如何找出你的興趣呢？

首先，寫出自己愛好的活動，將它們條列出來；其次，藉由閱讀或請教他人，初步了解它們的內涵；最後，找出幾件的確能讓你感到意義非凡的事，這些就是你的喜好。

李開復在《給中國學生的第四封信》中曾寫道：「找到興趣的最佳方法是開拓自己的視野，盡可能接觸不同的領域。唯有接觸你才有機會去嘗試，唯有嘗試你才能發現最愛，這正是大學可以提供的機遇。把握在校時間，充分利用學校的資源，通過圖書館、旁聽、網路、講座、打工、社團活動、朋友交流、部落格等方式接觸不同的領域、工作與專家。」

假如你還沒有確立自己的興趣，或是興趣太廣泛，不知該從何選擇，那麼只要多認識該領域的朋友，認真地了解他們是如何經營自己的興趣，甚至將此當成終生的職志，深入探查後，就能擺脫迷霧，航向人生正確又美好的道路，與渾渾噩噩、不懂得對自己負責的人生，從此說再見！

下一次，當你的老毛病又犯了，想要開始碎嘴抱怨時，不如回頭檢視手邊的工作是否是你的興趣、才華所在，如果是，你已經比絕大多數的人都幸運，又何必抱怨？如果不是，那何必把時間浪費在生氣上，試著調整心態，在必須完成的任務上，找到自己感興趣的部分，讓工作中的壞情緒從此離你而去！

嫉妒別人，不能幫你解決問題

凡是受過教育的人，最終都會發現嫉妒是一種無知的表現。

——美國詩人　愛默生

美國脫口秀主持人賴瑞．金曾訪問過前微軟總裁比爾．蓋茲一個有趣的問題：「你嫉妒史提夫．賈伯斯嗎？」

這時台下的觀眾都在等著比爾．蓋茲露出尷尬的表情，但他卻心有定見地回應：「史提夫絕頂聰明，做過很多很棒的事。以前一起共事時，譬如在Apple II的時代，我們很享受對打的滋味。我們擁有不同的強項，但我們都熱愛這個產業。」短短的幾句話，道出了他對賈伯斯的欣賞，也展現他寬厚的胸襟，或許，正是基於如此開拓的心胸、視野，他才能建立今日微軟帝國的雄偉格局。

所以，下次當你為公司衝鋒陷陣之後，發現升職的卻是別人時，先別氣憤難平，因為公司晉升別的同事，卻不代表老闆沒有看到你的努力。如果此時的你心生嫉妒、爭一時之氣，將工作的時間都浪費在這些對你沒有實質幫助的負面情緒上，我想，很快地，你連原先的戰功也將付諸流水，只能在「懷才不遇」的職位上原地踏步。

翻臉不如翻身，生氣不如爭氣，與其抱怨別人前進的速度，不如將差距化為動力，把欣羨作為追逐的目標，積極地充實自我，等待超越的機會，當你提升了自我的高度，眼下那些曾經的阻礙也就不足為懼了。

你的嫉妒無損別人的成就

德國哲學家黑格爾說過：「有嫉妒心的人，是因為自己不能完成偉大的事業，就去貶抑他人，使之與自己相齊。」

過重的比較像是一種可怕的疾病，它會矇蔽人的雙眼，使得你一味挑剔別人，失去辨別優劣的公正心。就算你原先是一個品格高尚的人，也會因此失去理智，陷入苦惱的仇視情結中。

聰明的人，會選擇埋葬這種極端的心理狀態，讓它成為自己生命的養分，而不是整天胡思亂想，害怕別人的優異奪走自己的未來。因為每個人都是一顆獨一無二的鑽石，無論他人如何優秀，也永遠都不可能取代你的存在，更不可能遮蓋住屬於你的鋒芒。

別陷入「既生瑜，何生亮」的情結中

經過各種小說、電視劇、電影版本的演譯，我們都對《三國演義》中的角色性格略知一二。在故事中分屬於吳國、蜀國的軍師周瑜及諸葛亮，他們的鬥智、過招的過程，更是讓後人傳唱至今，其中《草船借箭》的情節，就是敵不過自己的比較之心，而賠上人生的最佳警世教材。

因為氣量狹小的周瑜知道諸葛亮很聰明，於是命人將諸葛亮請到吳營，打算派給他一些不可能的任務，讓他出醜。

諸葛亮知道這趟邀約不懷好意，卻不動聲色地面見周瑜。周瑜見到諸葛亮就說：「周某久聞先生才智過人，想請您用三天時間為將士們打造十萬支箭，您可願意？」諸葛亮知道周瑜是故意刁難自己，但他笑著接受了這個艱難的任務。

第一天，諸葛亮沒有採取任何行動，第二天仍然沒有動靜，到了第三天，趁著大霧能遮蔽視線，他命士兵將載著千餘個草人的數十艘小船開到駐紮江邊的曹營。因為他了解曹操生性多疑、過於謹慎，不敢貿然進攻，所以定會下令放箭。過了一個時辰，諸葛亮率領士兵們回營，十萬支箭就這麼手到擒來。

但是，周瑜並未因此接納諸葛亮，反而三番兩次地設計他，但都被諸葛亮巧妙地迴避，而周瑜最終也因自己的狹小器量而吐血身亡。

當你心生嫉妒之時，就是在與他人較量。從成長的歷程中，我們都被社會教導，要去和別人爭名次、勝負，學生升等考試就是社會比較制度下的產物，所以我們都學會了這樣的壞習慣，並用這種不健康的想法荼毒自己的心靈。

就像周瑜對諸葛亮比他聰明這件事耿耿於懷一般，我們也常常受制於這種情緒中，例如：鄰桌的同學總是穿名牌的服飾、鞋子，同事的老公結婚紀念日送太太的鑽石比較大……等，自己陷於比較的苦惱就算了，還要拖父母、另一半下水，甚至把氣出在他們身上。

似乎這些外在的象徵，就代表了我們的價值，如果沒有擁有，就是「相對」較差的，但是，這是事實嗎？這個觀念正確嗎？

印度靈性大師奧修曾說：「每一個人都在嫉妒別人，因為嫉妒，我們就創造出了地獄，因為嫉妒，我們就變得很卑鄙。如果每一個人都在痛苦，你就覺得很好；如果每一個人都失敗，你就覺得很好；如果每一個人都很快樂、很成功，那個味道就變得很苦。但是為什麼關於別人的念頭會進入你的頭腦？讓我提醒你：因為你沒有讓自己的本性開花，因此你覺得內在空虛，因此你會去看每一個人的外在，因為只有外在可以看得到。」

所以，與其著眼於「外在」的比較，還不如回歸到「自己內在的價值」。畢竟每個人都有自己與生俱來的才華與使命，別人的成敗其實「與你無關」，與其把時間都花在關注別人的成功，不如重視自己的天賦、心靈的成熟度，為自己規劃通往夢想的每一步，才不會淪於「吃碗內，看碗外」，被貪婪的人性左右了原有的方向。

擺脫「愛比較」，用心做自己

如果你還執著在「我又不比他差，為什麼他有，我沒有？」的懊惱中，不妨看看這一個故事，就知道一旦人落入「愛比較」的窠臼，人生的決策會多麼荒腔走板？

有個男人誠心地祈求，希望上帝能送給他一個願望，終於誠意感動天，上帝願意實現他的心願。但是祂有個附帶條件，無論他許了什麼願望，他的鄰居都會得到雙份的報酬。

於是，男人開始在心中盤算：要是我得到十畝地，我的鄰居就會得到二十畝；要是我擁有一整屋的財寶，那他就會得到雙倍……他越想越不對勁，覺得自己無論在什麼情況下，都是比較吃虧的那個，苦思良久後，他突然拍掌叫好，終於下定決心要許願了。

消消氣 Tips

◆ 適量的嫉妒能激勵自己，但若拿尺規去衡量他人，就會陷入一較長短的迷思中。要認清每個人的獨特性，我們只能學習他人的長處，卻永遠無法成為其他人的複製品。

◆ 生活充滿彈性，不是二選一的較量，他人的優秀並不會阻礙你的進步，相反地，假使我們能吸收他人的長處，反而能加速成長的速度。

上帝問他：「你決定好要許什麼願望了嗎？」

男人開心地回答：「是的，請挖掉我的一隻眼睛吧！」

這是多麼可笑的心願，許願的意圖就是為了滿足自己，但男人卻在嫉妒心的驅使下選擇傷害自己，還以為佔了便宜而沾沾自喜。

由於過於計較的人不容許他人擁有的比自己多，就容易被這樣的思維模式誤導，掉入「萬劫不復」的深淵。

下次看到別人的優勢，不要為此心生不滿，學習我們能力所及的長處，別人的優勢或許正是我們向上提升的關鍵。因為我們擁有的並不如想像中那樣少，只是習慣放大他人的優勢，而小看了自己的長才。

無論你的嫉妒之火有多麼強烈，他人的優勢都不會因此而磨滅。與其浪費時間與精力去氣惱、甚至詆毀別人，倒不如冷靜下來思考該如何提升實力。

凡事都是一體兩面的，嫉妒心也不例外，是標準的雙面刃。假使它發揮不了實質的作用，只增長內心的不滿與煩惱，那這份計較就毫無價值。這個時候，不如強迫自己專注在其他的責任上，比方說，著手於該完成的工作、或者是下星期要交的報告，最好是能分散你情緒焦點的正事，轉移注意力之後，花心思計較的時間就會少很多。

不過，如果你的比較心沒有增加內心的情緒負擔，反而能激發一股超越的鬥志，那就是有所助益的羨慕，你可以藉此激勵自我。但切記要拿捏分寸，不要讓這股正面的驅動力變質，否則無謂的負面情緒就會進駐你的內心，反而又淪於憤怒不滿的奴隸了。

面對他人的優秀之處，不要一味抱怨，能學習的強項，我們盡力效法，讓自己更好；無法藉由後天努力得來的，就要淡然處之，告訴自己：「他是他，我是我。」或者列出幾項自身具備的優勢，將視野拉回己身，才不會變得只是追逐他人的背影，卻看不見自己的光芒。

好EQ能逆轉運氣

一個處處與自己過不去的人，是無法擁有愉快的生活的。

——法國著名思想家　盧梭

生活中，我們有時會在不經意間鑽起牛角尖，覺得眼前只此一路，如果這個心結解不開，到頭來受苦的還是我們自己。例如：工作遇到了瓶頸，就一個人悶頭苦想，結果越執著就越理不出頭緒，越沒有頭緒就反而就越要強迫自己，如此一來，搞得自己頭疼欲裂還無計可施。

著名的心理學家威廉・詹姆斯說：「在我們這個時代，最重大的發現就是：人類能夠藉由改變自己的心態，進而改變一生。」同樣一件事情，觀點不同，得出的結論也就不一樣。有的時候，只要轉個方向，死結也會變成活結。

你永遠有更好的選擇

傑克是一位五十幾歲的大叔，退休後在遠離喧囂的小鎮裡買了一棟房子，風景優美、社區清幽，他很滿意，打算在這裡安享晚年。平日早晨他出門散步、下午與鎮民閒聊、傍晚就待在家中閱讀小說，度過了半個多月愜意的日子。

有一天早晨，他被一陣嘈雜吵醒，開門一看，原來是三個小男孩在他的房前踢著垃圾桶玩，剛開始他並不引以為意，只當作是小孩的遊戲，等他們玩膩了自然就會離開。誰知道這幾個孩子一連好幾天都樂此不疲，每天都被噪音干擾睡眠，累積的疲勞感令傑克感到煩躁，思索著該如何是好。

因為傑克也帶過孩子，所以很了解小孩的心理，如果你擺架子命令他們到別處玩，反而會造成反效果，更不得安寧。思考了好幾天後，他終於想出一個好主意。

這一天早晨，傑克打開大門，走到孩子們面前，笑著說：「我老了，很懷念童年的時光，所以很喜歡看你們踢垃圾桶，如果你們願意天天來踢垃圾桶給我看，我每天都給你們每人十美分。」沒想到玩耍還有錢可拿，三個孩子都很開心。

接下來的幾天裡，他們比以前玩得更起勁，踢垃圾桶踢得更吵。傑克依約每天都給他們十美分。二週過後，他愧疚地對男孩們說：「最近我的收入減少了一半，從明天起我只能給你們五美分了，希望你們還是能每天來，以後有錢了我再補給你們。」孩子們雖然有些不滿，但還是繼續到此玩耍。

又過了幾天，傑克愁眉苦臉地說：「不好意思，因為最近連養老金都停發了，以後每天只能給你們一美分了，你們不會介意吧？」

語畢，孩子們氣呼呼地說：「一美分？我們才不會為了區區一美分浪費自己寶貴的時間呢！」從此之後，傑克又回到了耳根清靜的日子。

面對問題，傑克選擇放下憤怒，採用了另一種方式，讓孩子們主動放棄踢垃圾桶的遊戲，即使不用大發雷霆，最終也能收得成效。

這個故事告訴我們：每件事情並不是只有單一的作法，與其用情緒化的方式去解決問題，不妨換個視角，對調一下彼此的立場，問自己：「如果我是他，哪種說法最能說服我？」轉換既定的思考模式，有時就能順利地解決問題，煩惱也煙消雲散。

腦筋急轉彎，脫離困境迷宮

有的時候，我們之所以會鑽牛角尖，是因為太習慣直線思考，忘記還有別的途徑，比如左轉、右轉、或向後小退一步。事實上，所有的事情除了從正面看之外，還可以從其他的角度分析。如果你發現自己再走下去就要碰壁，所面臨的難題越看越無解時，記得適時拉自己一把，別往死巷裡鑽。

消消氣Tips

◆ 每件事情並不是只有單一的作法，與其用情緒化的方式去解決問題，不妨問自己：「如果我是他，哪種說法最能說服我？」轉換既定的思考模式，有時就能順利地解決問題。

◆ 氣極敗壞是走出迷宮的大敵，面對問題時，過於躁進的心態常常會導致更嚴重的後果，不妨多給自己一點的時間，別執著於「簡易速成」的直線式思維。

切記，急躁是走出迷宮的大敵，面對困難時，過於躁進的心態常常會導致更嚴重的後果，怎麼繞都繞不出來。這個時候，不妨多給自己一點時間，別執著於「怎麼都做不好」、「得快點找個方法解決」之類的慌亂思緒，不如適度地放鬆，回憶一下兒時玩過的腦筋急轉彎，把你的思維轉個彎，換一個角度去看問題，也許就能找到出口。

某日，一位農夫的馬掉進了枯井中，農夫焦急地想救出那匹馬，但幾個小時過去，馬匹卻依然在井裡哀號著。最後，無計可施的農夫決定放棄。他想到這匹馬年紀也大了，不願意見牠受苦，便請鄰居幫忙，挖土填井，送這匹老馬最後一程。

過了一會兒，井底突然安靜下來，好奇的

農夫往井底望去，眼前的景象卻讓他大吃一驚！

當鏟進的泥土落在馬的背上時，馬便將泥土抖落在一旁，然後站到土堆上面。藉著大家合力鏟進的泥土，馬匹的立足之處也逐步升高，很快地，馬身逐漸從井口浮現，當填充的土壤到達馬腳足以跨出井外的高度時，馬匹一躍而出，回到主人身邊。沒想到，當眾人都放棄之際，馬兒臨機應變的求生本能，卻讓牠免除活埋之苦，重見生命之陽。

突然發生的難題可能會讓你感到焦慮，因而更專注於失敗的後果。因為情緒太過緊繃，或許就會陷入自怨自艾的情境中。太專注於問題的困難度，會形成一道「很難解決」的心理障礙，反而更想不出脫離困境的辦法。

其實，如果運用一下你的智慧，先給自己打一記「肯定有辦法」的強心針，並試著跳脫怨天尤人的心態，有時候「境隨心轉」，人生的轉機就在眼前，就看你當下是否擁有平心靜氣以對的好EQ了。

心的容許度，決定人生或悲或喜

面對陽光時，你永遠看不到陰影。

——聾啞教育學家　海倫．凱勒

面對意料之外的發展，每個人都會有不同的反應。比方說，下班時，突然發現外面下起傾盆大雨，有人會因此而懊惱，也有人會認為天氣本就難以預測，等雨停再走也無所謂。同一件事情，每個人都可以選擇自己要用什麼樣的心態面對，就像遇到壞天氣一般，你可以選擇用「今天真倒楣」的態度，去迎接接下來的每一件事，可想而知的，當你帶著有色眼光去看待人事，那麼也無法得到應得的對待，甚至會替自己招惹一身的麻煩。

就像我以前公司的會計小Y，他常常一副「全世界都欠他錢的嘴臉」，成天唉聲嘆氣，遇到一點小事就心煩意亂，好像全世界的人都在跟他作對（標準的自我中心主義，以為全宇宙都在繞著他運轉，因他而生滅）。

遇到統一發票開獎日時，人人更是躲避不及，深怕被他的颱風尾掃到。因為他只有兩種反應：一種是只差一號，又與好運擦身而過的哀嘆（不過就區區兩百元而已），恨自己怎麼不提前、或晚一點再結帳；另一種反應是「我怎麼只對中三個數字」，差一點就有一千元入袋了，怎麼老天爺總愛跟我開這種玩笑，又開始怪自己沒有偏財運（老天爺還真為難啊）！

從小Y這種個性就可以得知，是福是禍都不重要，重要的是當他選擇與「自己的心」為敵時，不管遇到什麼情況都不會順眼、順心。更糟的是，他還會遷怒旁人，當他心情不好時，只要比他年資淺的，幾乎無一倖免，像他這種只會意氣用事，不懂得公私分明的員工，在前幾年不景氣時，也順理成章地進入第一批捲鋪蓋走路的黑名單中。

或許在日常生活、工作時，每個人都難免遇到不如己意之事（畢竟公司又不是你開的），但是要用氣憤的情緒去處理難題（例如：有些人和客戶談生意不順利，掛電話就超大聲），還是冷靜以對，會對自己比較有幫助，相信聰明如你，一定能分辨。

悲觀or樂觀，決定人生的結局

村子裡有兩位年輕人，想要翻越沙漠，去另一邊的綠洲開拓新的生活。這一年的夏天，他們各自出發，懷著對新生活的企盼與展望，開始了穿越茫茫沙漠的壯舉。

在沙漠的中間有一座破廟，在不同地方的隱秘之處藏著兩杯清水，讓穿越沙漠的人以備不時之需。當第一個年輕人抵達破廟的時候，隨身攜帶的水壺已經見底，他輕而易舉地找到了其中一個水杯。但是，當他發現裡面只有半杯水的時候，就開始謾罵，恨前面經過的人怎麼喝了杯子裡的水。

突然，颳起一陣強風，飛揚的沙粒落在水杯裡，當他還在抱怨：「水裡有沙子怎麼喝啊！」又吹起一陣狂風，手中的水杯被颳走，救命的半杯水全灑在沙粒中，氣到失去理智的他忘了還有另一杯水就走了，不久，他就死在沙漠裡。

第二個年輕人，他也走到了破廟，與第一位年輕人相同，攜帶的水很快就喝完了，而且精疲力竭。當他找到另一杯同樣只有半杯的水時，他立即端起來一飲而盡，接著跪在地上，感謝上天與提供飲水之人的救命之恩。一段時間過後，狂風大作，沙塵霏霏，他躲在廟中的殘桓斷壁下，抓緊時間休息；風停了，年輕人再度啟程，最後，他走出了沙漠，尋獲了綠洲，建立新家園，享受幸福美滿的後半輩子。

當情形沒有照著原定的計畫發展，甚至出現讓人不知所措的阻礙時，你抱持的是「只剩半杯水」的悲觀想法，還是「還有半杯水」的樂觀態度呢？

故事裡的年輕人僅僅因為心態相異，就導致完全不同的結局，下次當你遇到困境時，不妨想想這個故事，只要不將眼前的難關怪罪於環境、旁人，沉住氣、正面以對，生命最終會找到逃生的出口，你的人生也會因度過重重難關而逐步累積勇氣，即使未來遇到再大的風浪，也能無懼前行。

改造心態，隨遇而安

雖然我們都知道在面對問題時，應該要定下心來，才能冷靜處理，如此簡單的觀念，卻知易行難。即使不斷地告訴自己：「放輕鬆一點」、「別想太多」，面對迫在眉梢的緊急情況時，心裡卻有如熱鍋上的螞蟻，越想越急切，越急耐性越少、甚至還在無意間遷怒他人，究竟該如何擺脫這種「毛毛躁躁」的個性呢？

以下有兩種心念小語，你可以放在心裡，下次又陷入歇斯底里的情緒時，就打出這兩張「安心牌」，幫你順利度過難關：

1.「全力以赴，隨遇而安」

如果你仔細探察自己的內心，會發現煩躁的源頭往往來自於過度膨脹的得失心。例如：原先眼高手低，當事情不如預期發展時，就暴跳如雷（其實是對自己生氣）；或是

消消氣Tips

◆ 戴上憂慮的眼鏡，看什麼都心浮氣躁、越想越嚴重；不如換上另一副平和的鏡片，見什麼都輕鬆容易，出路就在眼前。

◆ 世界上沒有絕對的客觀，我們只能盡量要求自己。要做到這一點，關鍵就在於撇開情緒的擾亂。怒氣就像干擾電台收訊的電磁波，一旦深陷其中，就接收不到正確、客觀的資訊。

精細的計畫如遇突發事件，就亂了分寸，怪當初接收的資訊不完全（世事哪有都照你的劇本演出的呢），結果滿腦子都是抑鬱與怒火，不僅失去處理問題的手腕，溝通問題時，言談間還帶有冷嘲熱諷，令他人更望以膽怯，讓自己陷入孤軍奮戰的困獸之鬥。

沒有人願意遇到禍從天降的時機，人生本來就充滿各種酸甜苦辣的片刻，能不能順利度過，端看你的心態是否成熟，與能否在逆境中培養危機處理的能力。試著思考你能力所及的方法，如果認為超出自己的能力，就主動虛心求助於他人，別礙著面子、賠了裡子。

當你已經結合自己所能用的、所能借的資源奮力一搏，接下來就把結果交給老天爺吧！如果不行就重新再思考方向，最終一定能殺出重圍，就算結果還是不如預期，至少可以作為下次評估時的經驗，減少未來的挫敗率。當你又有如臨大敵之感時，就告訴自己：「我一定能有所收穫。」當你提升了人生經驗值，那麼一時的成敗也就不足為慮了。

2.「欲速則不達，既來之，則安之」

當我們煩躁焦慮的時候，就無法客觀地評估周圍的人事物，急亂的後果，更有可能未經全盤考量就用錯誤的方式去解決，搞得自己就像輸不起的賭客般，本來還只是稍微偏離預想，損失還在能承擔的範圍內，如果病急還亂投醫，最後就會全盤皆輸。

在這種焦躁不安的時刻，不妨深吸幾口氣，試著放慢思考的轉速，甚至讓自己抽離當時的環境一會兒，不論是到茶水間喝口茶、到陽台呼吸新鮮空氣，當心有餘裕，你會產生足夠的信心面對；當肌肉放鬆，思考也不再僵化，解決方案可能從單一選項衍生成數種可能，於是，你會發現事情其實根本沒有那麼棘手，最佳解答自然就會浮現。

不論下次遇到難題時，你選擇用上述哪一種方法面對，都要提醒自己，別因為一時的氣急敗壞，低估了心的彈性、生命的韌性，將人生的執導權拱手讓給命運，別忘了，不到最後關頭，結局到底是悲劇或是喜劇，只有你能決定！

擺脫焦慮的雪球，別為小事而抓狂

凡事只要看淡些，就沒有什麼可憂慮的；不要因憤怒而誇大事態，就沒有什麼事情值得生氣的。

——俄國文學家　屠格涅夫

我們也許能很勇敢地跨越生命中的大危機，可是卻經常被一些突發事件搞得垂頭喪氣。例如：滿心期待颱風假，卻發現要照常上課、上班；明明已經很小心，新鞋子卻被路人踩出腳印。

生活中難免會遇上不順心的遭遇，但如果事事都過於介意，那麼整天都會悶悶不樂。生命是如此的短暫，與其每天為了一些小事就不開心，不如好好想想：同樣的情況下，為什麼別人都能平常心以對，自己的心情卻大受影響？相信沒有人喜歡成天「和自己做對」，當你陷入情緒牛角尖時，先冷靜一下，找出負面思考的來源，屢次下來，你會發現，原來我們的情緒化有其成因，學會化解生氣的源頭，和自己和解，其實一點也不難！

你不需要抓著過去不放

一天早上，上課鐘響，老師卻遲遲沒有出現，一班學生正等得不耐煩，沒想到教務主任卻進來了。他將一杯水放在講桌上。同學們都感到莫名其妙，心想這和國文課有什麼關係。

這時，教務主任突然拿起水杯，緩緩地把水澆在地上，學生們驚呼起來。

「好好看著」教務主任對同學們說：「我要你們永遠記住這一課，這杯水已經沒有了！無論你多麼著急，甚至抱怨，都無法挽回。如果我們在事前加以預防的話，就可以保住這杯水。但是當水已經灑光，就不可能還原，我們現在所能做的，就是把這杯水忘掉，專注於下一件事。」

生活中總是充斥著各式各樣的煩惱，那些煩擾我們內心的情境絕大多數就像灑到地板上隨即又乾掉的清水，不足掛心。但我們有時會過度在意那杯水，甚至會蹲下來仔細查看水漬，就是這種頻頻望向過去的習慣，讓煩惱的皺紋代替了開心的笑容。其實，沒有過不去的事情，只有過不去的心情。只要能將過去的失敗看作寶貴的經驗，並著眼於眼前的工作，就不會陷入懊悔的情緒輪迴，而能開心過每一天。

置換時空的消氣術

雖然我們難免會遇到不如意的事情，但並不是每一件事情都值得我們如此掛念。比方說，偶然聽到某位朋友在私底下說你的不是，因此大發雷霆，但生氣過後又會想：「我居然因為這樣的事氣了一整天。」但下次又重蹈覆轍，這時，可以利用時間的轉換來幫助自己消氣。

這個方法其實很簡單，只要深吸一口氣，問問自己：「情況真的有那麼嚴重嗎？一年後我還會為了這件事而動怒嗎？」

諸如與朋友爭執、被老闆責罵、將背包忘在公車上，這些數不清的煩惱，在一年後我們也許根本就忘了。當還原問題的本質後，就會赫然發現，這樣的小事根本不值得我們懊惱，心情豁然開朗的瞬間，或許反倒能順利地解決憂慮的源頭了。

張愛玲在《天才夢》一書的結尾處寫道：「我一天都不能克服這種咬齧性的小煩惱，生命是一襲華美的袍，上面爬滿了蚤子。」這種討厭的蚤子，我們本可以輕而易舉地將它消滅，但卻讓它在我們的生命中肆意縱橫。很多惱怒的根源，其實經不起時間的考驗，下次在發怒之前，不如暫且將自己抽離，測試一下眼前的問題是否有其憂心的必要性。

消消氣Tips

◆ 既然回憶是無法改變的事實，為何不選擇回味愉快的情節，而要執著於痛苦呢？生活中的確會有許多無法掌控的意外，但是，情緒的走向卻應該由我們主控。

◆ 生命是如此的短暫，與其每天為了一些小事就不開心，不如好好想想：同樣的情況下，為什麼別人都能平常心以對，自己的心情卻大受影響？

因為當前認為舉足輕重的事，幾個月後可能就變得微不足道。如果要提供一個判別標準，建議大家可以從「能否處理」與「從何改善」去思考，如果客觀上能解決的事情就勇於面對，暫時放下急躁的思緒，一步步完成目標。當你克服綑綁情緒的癥結後，自然就不再容易為小事抓狂了。

換位思考，逆轉情境

記得大學的時候，我有一位室友，常常在課後和我抱怨她一天遇到的不如意。舉例來說：她自己主動報名參加讀書會，回到宿舍後，就開始抱怨每週為了追趕進度而閱讀的壓力好大，課餘時間不就該好好放鬆嗎（還擺出一副很無奈的表情）？但下次她又乖乖地抱著書本準時出現在讀書會；聖誕節時，我們一同出席系上的舞會，她又怪派對佔據了複習的時間，過幾天就要期末考，哪有時間可以玩樂（儘管如此，舞會最多也不過三小時，她卻花了整個週末採買當天的行頭）？

常常聽她碎碎念的我，怕她在長吁短嘆中浪費好不容易爭取到的大學生活，就會適時地開導她：「如果可以在參加舞會的時候盡情放鬆，隔天就全力衝刺課業，到圖書館專心唸書，這樣不會顧此失彼，不是更開心嗎？」

她愣了一下，停頓幾秒後，不禁笑了出來，回我說：「對啦！一年才一次的聖誕舞會，如果沒參加我應該會更懊惱吧！」

諸如此類的情境是不是在我們生活中層出不窮呢？有時候，我們不開心，或許並非因為誰的錯，而是覺得自己還有更好的選擇，在小事上斤斤計較，卻忘了用心去體驗自己所選擇的生活，看著別人快樂地度過每一天，卻覺得自己的幸福感越來越微薄。

當你毫無來由的憂慮開始在心中生根時，先連根拔起，別讓負面的力量佔據你的內心，吸取你快樂的養分。別忘了，你是人，不是神，你無法預知下一秒有什麼事會發生，所以毫無根據的憂慮，無疑是在浪費今日的快樂存款，擁抱單純又愉快的生活，有時候只需要一個簡單的信念：活在當下！

生活中充滿了各種不盡人意的事，

如果都耿耿於懷，身體可能會氣出病來！

不如抱持著「我一定能克服」的信念，

遇到再多狗屁倒灶的事，也能沉著以對！

Part

2

提高抗壓性，別讓壞脾氣傷人又傷己

Don't let the bad moods turn you down. Take everything ea

性格透視

Q 你的抗壓性強不強？

你隨著旅行團來到美國的大峽谷，正準備拿起相機拍照時，突然看到一個人緊抓著繩索攀爬在岩壁上，請問你覺得他在做什麼呢？

A. 應該是在摘取什麼珍貴的高山花朵吧！

B. 他是攀岩達人，正在挑戰大峽谷的難度。

C. 怎麼看都覺得他死抓著崖壁，以防摔下谷底。

D. 他肯定是遇難了，在等待直升機救援中。

性格解析

☑ 選擇A的人　抗壓性20%

你的個性開朗，總是正面思考的你，點子很多，也有成就大事業的可能，但面臨不太能承受的情況時，卻有逃避的傾向，因為無法從錯誤中成長，導致最後一件事情也做不成。建議你可以試著處理看似困難的問題，相信思慮敏捷的你，一定能找出化解之道的。

☑選擇B的人　抗壓性60%

你對自己有信心，面臨難關時，只要發揮你的抗壓性，再加上你勇往直前的性格，就能順利地取得成功。但是，目標如果訂得太高，反而會使你無法專注。所以，在確立方向的時候，請記得，不要以過於嚴苛的高標準檢視自己，才能發揮最好的表現。

☑選擇C的人　抗壓性80%

這類型的人平日努力認真，無論遇到什麼事情都能吞下肚，這樣固然是抗壓高手，但也必須有適當的抒壓管道。抽空放鬆一下，不然可能會因過度勞累而跌得更重。要記住，逐夢踏實的前提是有個健康的身體。

☑選擇D的人　抗壓性40%

當你遭遇困難時，就會擁有相對的抗壓性，但卻拿不出實際的做法。如果老是被動等待別人的幫助，就無法自己解決問題，下次在面對困難時，不妨咬牙堅持下去，試著自己解決，才能在過程中成長。

釐清情緒之源，澆熄憤怒之火

容易生氣，是性格中最致命的弱點。

——義大利中世紀詩人　但丁

生氣的時候，有些人會說：「我只是發洩一下，有什麼不可以？」的確，壓抑過多的負面情緒，可能會造成生理上的不適，因此，許多專家都建議我們必須適度的宣洩。不過，如果從適度的宣洩變質為過度的發洩，火上加油的作用下，可能反而讓情況更惡劣，造成一生難以彌補的遺憾，到時再想：「當時我要是可以多忍一下就好了！」卻為時已晚，所以，我們一定要衡量情緒與情況的輕重，才不會傷人又傷己。

生氣時，應該優先想想的問題

大學的時候，我常與系上的朋友待在宿舍唸書。某天，我因為要和同學討論報告離開房間一會兒。約十幾分鐘後我回到宿舍，撞見剛回來的室友，還有滿地的碎玻璃，看她伸手就要撿玻璃片，我趕緊上前制止，擔心她的手被刮傷。「不用妳管！」她板起臉孔拒絕我的關心，見她正在氣頭上，我只好先讓她一個人靜一靜。

離開了寢室，我在樓梯間遇到另一個室友，她一見到我便向我訴苦，說那位暴怒的室友回到房間後，拿起桌上的東西就往地上摔，連放有我們合照的玻璃相框也被摔個粉碎。

「也許她真的很生氣，想發洩吧！」看到室友驚魂未定的樣子，我安撫她。

「就算如此，我又沒惹她！為什麼要發洩在我身上！」我的臉上頓時畫下三條線，沒想到房內的人怒火中燒還延燒到房外。

後來，我才知道，原來情緒失常的那個室友，她沒抽到下學期的宿舍，一方面覺得自己很倒楣，一方面又覺得學校的抽籤制度有失公平，所以回到宿舍後，就摔東西出氣。事過境遷後，她也知道自己的言行失常，所以一一向我們道歉，但自此以後我們與她之間的友誼就像那放有合照的玻璃相框，一旦摔碎，裂痕就難以完全修復了。

去年年底，我和大學時代的室友聚會時，又突然想到這件事，但這個曾經的朋友已經和我們斷了聯繫，我想，如果當初沒有發生那次的事件，我們至今還會一同說笑、一同回憶美好點滴。

人生在世，身邊有無數重要的人與我們交會而過，有緣分的持續深交，沒緣分的好聚好散，但如果因一時耐不住的脾氣，而撕裂難得的感情，值得嗎？我想當你和生命中珍重的人吵架時，應該優先想想這個問題，因為每個人並非理所當然地必須陪在我們身邊，每一分陪伴都應該伴隨著感謝，才不會輕易被負面情緒牽著走，造成一生的遺憾。

脾氣大有什麼不可以？

當我們談到情緒管理的問題，往往會和一個人天生的性格、原生的背景作連結，有些人會把性格作為一種推託之詞，解釋說：「我天生脾氣就比較差，但我又不是故意的，除了講話大聲一點，我也沒傷害別人，每個人都有情緒不好的時候，合得來就彼此包容，何必小題大作？」

沒錯，每個人都有最直接的情緒反應，該生氣的時候，也千萬不要憋在心裡，會悶出病，應該自然地流露出來，但這不代表你有「傷害」別人的權利。

要知道，發怒與遷怒是不同的，發怒者事後會檢討自己，雖然人與人之間難免有磨擦，但會儘量避免同樣的情況一再產生，這是「有所成長」的情緒管理；遷怒者卻把生氣的過錯推諉到對方身上，最常聽到的情況是：「他如果不這樣激怒我，我也不會發那麼大的脾氣啊！」似乎問題的源頭在對方身上，自己絲毫沒有「情緒管理」的責任，像這樣沒有自省能力的人，往往會因為他們拒絕面對自己的問題，封閉與他人雙向溝通的管道，這種長期「缺乏成熟」的溝通方式，能不能留住身邊的友人，可能就要擲爻碰運氣了。

其實對於外在環境的忍耐力是可以培養的，如果你有心解決情緒未爆彈的問題，可以試試下列方式：

1. 坦承自己也有弱點

當我為諮商者進行輔導時，遇到情緒控管的第一道牆，往往就是「死愛面子」，而偏偏最愛面子的人，心中多有難以解開的自卑情結，當這樣的人發怒時，就是典型的「為防衛而防衛」，因為他害怕對方看見自己心中的缺失、傷口，所以才先聲奪人。

所以要解決情緒問題的第一步就是：「放下自我」。當一個人的我執沒有這麼嚴重時，才有機會從別人的角度看世界，了解到自己憤怒時的狀態有多麼傷人。

所以當下次又面臨情緒臨界點時，先在內心告訴自己：「對不起，我也有錯。」用軟化的態度去看見心中的軟弱，當本質顯露，問題才有被解決的可能。

消消氣Tips

◆ 忍耐並非軟弱，而是珍惜自己與他人的表現，強烈的怒火不僅會讓自己喘不過氣，也可能因此做出傷害別人的事。

◆ 當我們縱容自己發洩的時候，往往會超出適當的範圍。處於盛怒之中時，可以先避免與人接觸，藉由運動抒發情緒，或者到郊外放聲宣洩，以避免自己在無心中得罪了其他人。

2. 訓練自己接受挫折的能力

從一些近年來的社會案件，我們可以得知，高學歷不一定與高EQ成正比，有些從名校畢業、進入一流企業工作的優良學生，卻因為人際關係受挫，最後卻變成了「繭居族」，當別人不小心踏入他的「地雷區」時，就會性格大變，轟得他人滿頭包，卻不知所以然。

這類人有種普遍的誤解：他應該要和我想像的一樣啊！這個對象可能指的是人、主管、環境，當事情一不如預期，就感到別人故意與他為敵，而心生憤恨。

其實，隨著成長的歷程，我們都了解到這個世界當然不像幼時故事書中的童話世界一般處處充滿美好，大家更不可能把你當成王子、公主一樣捧在手心。

就是因為你生在現實的世界，所以更要珍惜那些稍縱即逝的美好，別再把壞脾氣當成機關槍，對著那些愛你的人瘋狂掃射，或是因為主管一時的訓誡而失心瘋，在失去理智的同時也斷送了大好前程。

我不明白憤怒有什麼益處，但很清楚它所能造成的傷害，所以，我會選擇讓怒氣自然流逝，而不是讓它放肆地延燒各處。

找個時間到郊外走走、好好睡一覺、或是動手寫下讓你感到愉快的事物。思維的方向一旦轉向別處，就不會一直關注憤怒的情緒，這麼做雖然仍有感到不悅的時候，但最起碼，我們已經在學習做情緒的主人。

境隨心轉，別用他人的錯懲罰自己

生氣的時候，在開口前先數到十，如果非常憤怒，就數到一百。

——《美國獨立宣言》起草人　傑弗遜

有時候，你會發現，無論你有多努力，身邊就是充滿著各種善意與惡意的耳語，如果讓他人的聲浪支配自己的心，就會成天陷在鬱鬱不得志的情緒中，如果選擇與放話的人針鋒相對，稍有不慎還會丟了努力以久的成績，那又何必呢？

這世界本就充滿各種對立的耳語，可是我們要學會判斷，這是好意的提醒或是是別人嚼舌根的素材？當你面對烏煙瘴氣的批評氛圍時，不如把自己想像成一台空氣清淨機，過濾後留下對自己有幫助的訊息，其他骯髒的廢言廢語就讓它隨風而逝，犯不著拿別人閒嗑牙的話題，繼續折磨自己的心。

人無完人，放下對自己、外界過高的期望，美麗的世界也將油然而生。

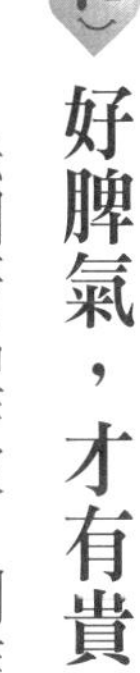

好脾氣，才有貴人緣

法國著名作家、劇作家和電影藝術家瑪格麗特．莒哈絲堪稱為當代法國文化的驕傲，她有著傳奇的人生經歷、驚世駭俗的叛逆性格、五色斑斕的愛情往事，不僅如此，她還積極地參與政治運動。

一九四三年，她出席了一個反希特勒政權的集會，所有出席的人，都受到納粹警方的追捕，莒哈絲也不例外。當時，她正準備搭火車到小城格勒諾布爾避難。火車包廂裡除了她之外，還有一對母女和一個叫布拉瑟的男人。布拉瑟是當時法國的名演員，他一眼就認出了頗負盛名的莒哈絲。

布拉瑟曾在報紙專欄對莒哈絲的新作《無恥之徒》進行了嚴厲的抨擊，他將小說批評得一無是處，對此，莒哈絲並沒有理會。這次相遇，布拉瑟仍大肆闡述自己的觀點，並勸誡莒哈絲以後能改進。

莒哈絲聽完布拉瑟的批評後，內心雖然非常生氣，卻面露微笑著說：「很高興你能仔細地讀完這本小說，我還以為沒人讀過呢！這是我第二本小說，以後會繼續寫下去，希望布拉瑟先生不吝指教。」說完，莒哈絲露出了笑容。

聽完莒哈絲的話，布拉瑟不得不為自己的咄咄逼人感到羞愧，他曾以為她會大發雷霆，並且與自己爭吵。然而，莒哈絲卻用謙虛受教的態度化解了本該發生的糾紛，這讓布拉瑟對莒哈絲刮目相看。於是，他一改瞧不起她的傲慢心態，誠懇地向她道歉，兩人開心地聊著彼此喜愛的作品。

包廂裡的歡愉氣氛，讓莒哈絲暫時忘記了煩惱。這個時候，兩個軍官衝進了包廂，要查看他們的身分證明。很顯然，這兩位是追查莒哈絲的軍官，布拉瑟見此情景，急忙起身和軍官寒暄，其中一位軍官表示很喜歡他的表演，布拉瑟表現出高興的樣子，而另一個軍官朝莒哈絲望去，似乎認出了她。這時，布拉瑟伸手摟著莒哈絲對軍官說：「長官，請允許我介紹一下，這是我的太太。」兩個軍官猶豫了一會兒便離開包廂，在布拉瑟的掩護下，莒哈絲順利地度過了難關。

正是莒哈絲的一時之忍，才使自己躲過一劫。試想，如果莒哈絲不顧一切地反駁布拉瑟，或許能逞一時之快，但在軍官到來之時，也大禍臨頭了。

聰明的人，懂得忍一時之氣，在他人的批評聲中找到出口；愚蠢的人，則在批評聲中極力反駁。莒哈絲深諳此道，所以才在攸關安全的關鍵時刻得到了布拉瑟的幫助。

消消氣Tips

◆ 當你面對烏煙瘴氣的批評氛圍時，不如把自己想像成一台空氣清淨機，過濾後留下對自己有幫助的訊息，其他骯髒的廢言廢語就讓它隨風而逝，犯不著拿別人閒嗑牙的話題，繼續折磨自己的心。

◆ 情緒管理是一輩子知難行易的課題，沒有人躲得過，卻也沒有人學不會，只要你打開自己的心。

無須用別人的過錯懲罰自己

情緒管理是一輩子知難行易的課題，沒有人躲得過，卻也沒有人學不會，只要你打開自己的心。以下三點是我面對壞情緒時的體悟，與讀者共享：

第一，不拿別人的錯誤懲罰自己。錯在別人，我們卻在那裡生悶氣，這是拿別人的錯誤懲罰自己。

第二，不拿自己的錯誤懲罰自己。「人非聖賢，孰能無過」，犯錯是人之常情，反省是應該的，但不能陷入自責的深淵，無法自拔。

第三，不拿自己的錯誤懲罰別人。一個品德高尚的人，在任何時候都勇於擔當，不會把錯誤強加於其他人。

比方說，在搭捷運的時候，別人不小心踩

了你一腳，你因而勃然大怒，怒罵對方，這是拿別人的過錯懲罰自己；又或者你在工作上出了紕繆，陷入自責的深淵還不自知，一整天的情緒都掛在已經過去的失誤上，為了無法挽回的過去，一整天鬱鬱寡歡，反而造成更多差錯，這是拿自己的過錯懲罰自己。或是在某些時刻，你礙於自尊，所以明明應該主動承擔錯誤的時候，你卻將責任推向其他人，不僅讓對方為此而悶悶不樂，也在無形中破壞了其他人對你的印象。其實，有的時候，一旦你願意承認自己的過失，並努力修正錯誤，下次遇到同樣的事情不再犯，其他人便不會再苛責你，甚至會願意伸出援手拉你一把。

情緒是一時的，我們卻無法改變已經發生的事實，但你可以選擇樂觀，深吸一口氣，放過別人也放過自己，把省下惱怒的時間來準備下一次的挑戰，豈不更有利。

今日的沉潛，是為了明日的躍起

報復不是勇敢，忍受才是勇敢。

——英國文學家　莎士比亞

繼上一本書《不管怎樣，別小看自己》出版後，有些朋友會寄信到我的E-mail，和我訴說職場的苦悶、辛勞，我也一一回信鼓勵他們，因為我了解，有時候，只要多堅持一下下，你就又跨過了一道人生的關卡。

在往返的信件中，我也聽到他們的心聲。例如：身處餐飲業的小傑，每個月只有休假四天，一天工作時間約十二小時左右，雖然因為工時長，薪水相較一般上班族優渥，但過長的上班時間，長期下來，讓他感到身心俱疲，壓力似乎到了臨界點，所以萌生轉職的念頭。

我認為，選擇職業最終還是要看這是否符合你的職志，因為上述的情況，是台灣餐飲業、服務業的通病。

如果目前的工作與你的興趣相符，只是感到疲乏了，那麼應該思考造成你工作倦怠的原因，找出問題，否則只是把同樣的問題帶到下一個工作，你也會陷入鬼打牆的死胡同中，覺得怎麼做也不開心。

猶如人生，工作也有階段性的進程，如果可以在第一階段紮穩馬步，才能向下一階段發展，但如果在起步階段就因為各種因素而放棄了，就等於失去了通往另一階段生命的台階。這樣不是很可惜嗎？

所以，當你像小傑一樣，遇到工作或生活上的瓶頸時，先別急著逃離，除非你已非常確信為何而逃，而且逃到別處就能解決你的問題。不然，多忍耐一下下、多堅持一點點，當你的抗壓性越來越強時，看事情的視野、心態也會截然不同，當時機成熟時，下一站的美好人生就在等著你！

吞下一時之辱，識時務者為俊傑

韓信是中國歷史上傑出的軍事家，更是西漢的開國元老，但他的出身不過是一介草民而已。

因為韓信的父親很早就去世了，失去經濟支援的他，幼時家境清苦，沒有一樣值錢的東西，只有一把父親留下的寶劍，外出時他總愛把劍掛在腰上。

有一天，他在街上閒逛時，窮酸的樣子被一位少年挖苦道：「你如果有膽量，拔出劍來和我比一比，不然就得從我的褲襠下爬過去。」

韓信看了對方一眼，認為對方人高馬大，自己若與他交手，肯定佔不到便宜。況且，若真把他殺了，自己也免不了牢獄之災。於是，他便一語不發地從那人的褲襠下爬了過去。

原本以為有好戲可看的路人，看見韓信的舉動後，紛紛嘲笑他：「看！韓信是個孬種。」但韓信沒有理睬地逕自離去。

日後，韓信在家中苦讀，熟諳兵法，便向項羽獻策，但並未得到重視，輾轉又投靠劉邦，起初也沒有被器重，後來經由劉邦的謀士蕭何引薦，認為他是一個無人能及的人才，才得到重用，被劉邦任命為大將，並為此舉行隆重的拜將典禮。

拜將後，韓信立刻向劉邦剖析天下大勢，並提出分析和戰略。只要劉邦同意，就依照韓信的計畫部署，為漢朝立下不少汗馬功勞，全盛時期更曾受封為地方諸侯。

儘管韓信一身韜略，卻能毅然彎身，匍匐鑽過那市井少年的胯下，引得一陣哄笑。但在歷史的洪流裡，我們關注的是韓信的智略，而那胯下之辱則被視為歷練，它與韓信的英名一樣難能可貴。

歷史告訴我們，蹲下是為了再站起來。人生路上多坎坷，順境與逆境不斷交替，身處逆境時，能夠放下所謂的驕傲和自尊，在人生的征途中，就會成為不倒之軀。

要得到別人的認可，先讓自己變成珍珠

有一位年輕人年過而立仍一事無成，他很懊惱，總覺得自己懷才不遇，終日鬱鬱寡歡，做什麼事都提不起精神。於是，他來到村裡最有學識的老者家，向老人請教。

老人聽完他的遭遇，帶著他來到西面的海邊，隨即把一粒沙子扔到沙灘上說：「年輕人，請把它找回來！」

「這怎麼可能呢？」年輕人大聲說道。

接著智者把一顆珍珠扔到沙灘上說：「那現在呢？」

「這就很容易。」年輕人輕而易舉地撿起了珍珠。

老者接著說：「這就好比人生，你想讓別人認可你，那就要想辦法讓自己變成一顆珍珠。」

由一粒沙子變成一顆珍珠不是一朝一夕的事情。在這個過程中，沙子要關在厚厚的蚌殼裡，被俗稱「珠母」的分泌物一層層包裹，經過很長的一段時間，才能變成晶瑩圓

消消氣Tips

◆ 如果目前的工作與你的興趣相符，只是感到疲乏了，那麼應該思考造成你工作倦怠的原因，找出問題，否則只是把同樣的問題帶到下一個工作，你也會陷入鬼打牆的死胡同中，覺得怎麼做也不開心。

◆ 要看出一個人到底具不具備成功的潛質，最好的方式就是觀察他在逆境中如何自處。

潤、光彩奪目的珍珠。

一個成功的人正如那顆沙粒一樣，要由「沙子」變成「珍珠」同樣不是一件容易的事情，而在轉變為珍珠的歷程中，支撐他屹立不搖的心靈支柱便是堅忍，蘇軾曾說：「古之立大事者，不惟有超世之才，亦必有堅忍不拔之志。」

很多人在一切安然時能表現得豁達、快樂，但一旦遭遇困境，不滿與怒氣便會在一瞬間爆發，所以，要看出一個人到底具不具備成功的潛質，最好的方式就是觀察他在逆境中如何自處。

在往人生方向邁進時，不免會遭遇挫折與考驗，在這種時候，我會問自己：「你想不想做這件事？」

如果內心毫不猶豫地回應肯定的答案，那麼就算眼前的際遇再困難，我都會咬著牙堅持下去。所以遭受阻礙時的態度，其實也與自己的信念有關。對於自己懷有熱忱的事物，就算有阻力，基於「不想輕易放棄」的鬥志，就會願意盡力克服所有的困厄。

在感覺墜入人生谷底的時候，不妨告訴自己：「一時的屈就並不等於懦弱，而是一種隱性前進。暫時忽略生活中的不如意，是為了把更多的精力放在積極的作為上，避開負面情緒的干擾，我的人生之路才能暢通無阻，一路向前。」

一動怒，就先輸給自己了

在你發怒的時候，先閉緊你的嘴，免得增加怒氣。

——希臘哲學家　蘇格拉底

我們有時會為小事發怒，但是，我們可曾多想一秒：怒氣一旦爆發既可能危害別人，也會傷害到自己。其實，大多數的時候，只要暫時蓋住情緒的火山口，稍稍耐心地藉由各種方式轉化心境，就會產生不同的化學作用；但是你為所欲為，把愛發脾氣變成一種惡習，只會讓情況變得一發不可收拾。

所以，如果你發現體內的火山有噴發的跡象，先忍住關鍵的第一分鐘，扼止它進一步爆發的可能，等待情緒稍稍平復之後，再來處理讓你惱怒的情境，結果可能截然不同。

讓時間軟化怒氣

老劉跟鄰居因為小事吵了起來，雙方互不相讓，爭得不可開交，聞聲而來的村長制止了他們，想居中當和事佬。

兩人爭先恐後地向村長申訴：「他簡直不是人，竟然做出這樣的事……」村長連忙打斷雙方，對他們說：「我今天還有一些急事要處理，這樣吧！明天上午你們到我家，我替你們評理，今天先回去想想事情的前因後果。」村長說完便離去，兩人也只好先各自回家。

第二天，老劉和鄰居來到了村長家，與前一天相較，雙方的火氣都消了不少。兩人一見到村長，想到昨日的不滿，又立刻開始抱怨：「事情是這樣的，他竟然……」

這回村長又打斷兩人：「不好意思，我的事情還沒處理完，我看你們還是先回去，等我把手邊的工作都結束後，再幫你們解決。」說完，村長又匆匆地出門，兩人怏怏地離開了村長家。

傍晚時分，村長在田邊遇到老劉，看見他正在田裡忙碌著，嘴裡還哼著輕快的小曲，看不出絲毫的怒火，老劉笑著向他打招呼，竟然完全沒有提「昨天」的事。

村長知道時機到了，微笑著對老劉說：「昨天你們為何爭得面紅耳赤呢？」

老劉不好意思地摸摸頭說：「說穿了也沒什麼，為了一點小事傷了鄰里的和氣，那多不值得啊！」

村長笑著說：「你明白就好，我一再拖延時間，就是想讓你們平息火爆的脾氣，以後遇事千萬要先忍住，吵架時大家都沒好話，只會惹來更大的麻煩。」

或許你會覺得不可思議，但回頭想想：我們並非不共戴天的仇人、我也沒有蒙受什麼嚴重的損失，也許他並不是有意的，別人也有包容我無心之過的時候。轉念一想，內心就會慢慢平靜下來，怒意也就不復見了。

與其共輸，不如雙贏

當然，大家都希望在人生的路上最好順遂如意，即使面臨讓令人惱怒的情境，自己也能抑制衝動、保持冷靜。但是，如果遇到一再挑戰自己底線的人時，是非常令人難以忍受的，衝突的發生似乎是理所當然。不過，你再靜心想想，難道一發完脾氣，你們今天爭執不休的問題癥結就會消失了嗎？還是你們的關係會因為彼此言語的攻擊而更親密？

其實，在吵架的當下，不可能會有贏家，就算取得一時的精神勝利，也不可能讓事情有任何進展，這個時候，我們最需要的並非情緒，而是冷靜的思維。

當你感覺他人侵犯到你的權益，差一步就要與人爭執時，不妨試試下面三種作法，先學會平息內心的憤怒，事情就有轉圜的餘地。

1.設身處地為人著想

假設自己就是對方，易地而處，問自己：「換成是他，會有什麼感受？」

著名的心理學家卡爾．羅吉斯在《如何做人》一書中寫道：「試著去了解別人的立場，這是深具價值的人生觀。因為聽別人說話的時候，我們大部分的反應都是在評估或判斷，而不是了解。在別人述說某種感覺或信念的時候，我們的回應通常會傾向於『說得不錯』、『真是好笑』、『這不正確』這類的評斷類辭彙。很少仔細地去思索談話內容對當事人具有什麼樣的意義。」

其實，當我們撇開主觀的評判，試著為別人著想後，對方反而會因為自己被接納、理解，而把我們當作自己人看待，也會更加信任我們。對我們而言，也因理解而消除了不愉快的情緒。

2.放下「非贏不可」的輸家心態

很多時候，我們總將致使自己發怒的人，看作十惡不赦的敵人，覺得彼此誓不兩

消消氣Tips

◆ 無論我們面對何種情況，都要先建立正確的心態，如果自己不侷限於敵我的框架內，所謂的小人就根本不存在。

◆ 在發脾氣之前，不妨設身處地為對方想想，如果自己會被預想的言語或行為刺傷，就將這些傷人之舉放在心中吧！

立，立場不同就要拚個你死我活。將人視為心腹大患，所以總想著將他置於絕路，讓他出糗，甚至不停地揭人家的瘡疤。但是，當我們平靜下來，自覺出了一口氣之後，內心卻沒有想像中那樣痛快淋漓，反而會有莫名的惆悵。

無論面對何種情況，都要先建立正確的心態，如果自己不侷限於敵我的框架，小人就不會存在。當你眼前出現一個老是愛和你做對的人，不妨靜下心來檢視自己，是否曾在不自覺中攻擊或傷害對方？

當你將自己設定成有能力「解決對立」的人，而不是將對方設定成「製造對立」的人時，就能坦然檢視癥結，重新營造溝通的可能。

3.笑一笑，怒氣消

生氣雖然是個人的心理反射，卻與生理狀態息息相關。因為當一個人的情緒到達臨界點時，全身的肌肉都會變得異常僵硬，這是由於腎上腺素增生，讓我們在緊急的時刻，足以反應得當，保護自己。

一旦雙方生理都進入「備戰」的狀態，只會引起更大的爭端。這時，不妨試著微笑看看（但要注意別變成冷笑，這只會引來反效果）。透過嘴角微微向上的動作，可以牽動全身的肌肉逐漸放鬆，透過外在的變化，連帶軟化心中的怒氣，就能化解不必要的意氣之爭。

況且，當兩人僵持不下之際，彼此的臉部表情應該都很難看，如果這時其中一人的表情稍微放鬆下來，也會讓對方解除心中的警戒，雙方就有更多的接納與傾聽的空間。

要記住，溝通的前提不過是為了解決問題，如果彼此都能學著軟化姿態，放下成見，那麼和解的雙贏時刻，也近在眼前。所以，下次生氣時，要選擇成為一個壞脾氣的輸家，還是一個感性理性兼具的贏家，你自己決定吧！

忍下第一句爭辯，默默去做更能說服人

決定一個人一生命運的關鍵，往往只在一瞬間。

——德國文學家　歌德

我們難免會與他人有意見相左的時候。面對這種情況，有些人會心緒難平、暴跳如雷地與他人爭辯，最終造成情況難以挽回的局面。如果一開始能夠忍住一時之氣，不與對方在口頭上爭長較短，而能默默地身體力行，反而更可能軟化他人的強硬作風。因為別人往往不會因為我們講得口沫橫飛而改變，但卻可能在看見我們以行動證明後的成效，反省自己的作法，進而達成共識。

放下我執，大局為重

戰國時代的秦國，國土廣闊、軍事實力強大，所以常常欺侮勢力弱小的趙國。

有一次，秦國想藉機佔趙國便宜，趙王就派藺相如前去和談，藺相如憑著機智和果敢，為趙國贏得外交上的勝利。趙王就封他為上卿，官位在廉頗將軍之上。

趙王此舉，使得廉頗心生不滿，他居功自傲地想：「我為趙國立下無數的汗馬功勞，而藺相如只憑一張嘴，官位居然在我之上，哪天見到藺相如，非得給他難堪不可。」

廉頗的話輾轉傳到藺相如耳裡，他無意與廉頗爭鬥，便有意躲著廉頗。上朝時為避免與廉頗碰頭，便假稱有病不適。此外，藺相如還吩咐部下：「不要與廉頗將軍的部下爭執，如果他的馬車走在前面，我們就要避開，從後面走。」

廉頗的部屬看到藺相如這般軟弱，便更加得意忘形，常常嘲笑藺相如的下屬。他們受了委屈紛紛向藺相如訴苦：「主子根本無須懼怕廉頗將軍，您的官位在他之上，又如此受寵，為何要屈就呢？廉頗的人看見我們，都笑主子是軟弱無能之輩啊！」

藺相如勸他們：「我並不是懼怕廉將軍才這樣做。你們想想，秦國的勢力那麼大，我都不畏懼，何況是廉將軍呢？但你們要知道，秦國之所以不敢貿然出兵攻打趙國，正是因為朝中有我和廉將軍在啊！如果兩隻老虎相爭，正好讓秦國有機可趁，為了社稷，我忍讓一點又算什麼呢？」部屬聽了都紛紛點頭，覺得藺相如心胸寬大又識大體。

這番話傳到了廉頗耳裡，讓他頓感慚愧。於是他脫掉上衣，背著　根荊杖，來到藺相如家，跪地請求藺相如鞭打自己，以原諒自己的無知。結果藺相如不僅不怪他，還趕忙把廉頗扶起來。從此以後，兩人成了最要好的朋友，一文一武共同輔佐趙王，讓秦國再也不敢欺負趙國，這就是「負荊請罪」的故事。

越是自恃甚高的人，就越不願意承認自己犯了錯，這個時候，我們不如寬容一點，幫對方找個台階下，千萬不要在眾人面前大肆評論他的錯誤，否則他就算現下沒有與你產生爭執，也有可能因懷恨在心而導致未來的禍端。

身在職場中，「顧全大局」四個字說起來容易，但做起來卻很難，因為必須暫時放下自己的情緒。在前面的故事中，藺相如是因為理解「覆巢之下無完卵」的道理，所以才能處處禮讓，畢竟與國破家亡的情境相比，個人的榮辱自然就顯得次要。同樣的，當我們在著手進行涉及團隊利益的計畫時，如果發現意見爭執不下的情況，也要全盤考量後，適度地退讓，才能順利地完成工作。

容忍，是雅量的再進化

「忍一時風平浪靜，退一步海闊天空。」接受順境、也擁抱逆境，這樣的胸襟，不僅能讓自己時刻保持冷靜，也可能進一步轉變眼前的困難。

當我們受到意外的打擊時，往往會倔強地回擊，希望以此擊退讓自己心生憤慨的

消消氣Tips

◆ 面對其他人惡意的冒犯，我們不需要藉指責改變他人，有的時候，顧全大局的退讓反而能讓他反思自己的作為。

◆ 當內心感到氣惱時，我們可能會期望有外力幫忙粉碎眼前的阻礙。其實，助力不需求人，最佳軍師就是你自己。先試著調整心境，唯有先忍下心中的煩悶，才能沉著地面對生活的阻礙。

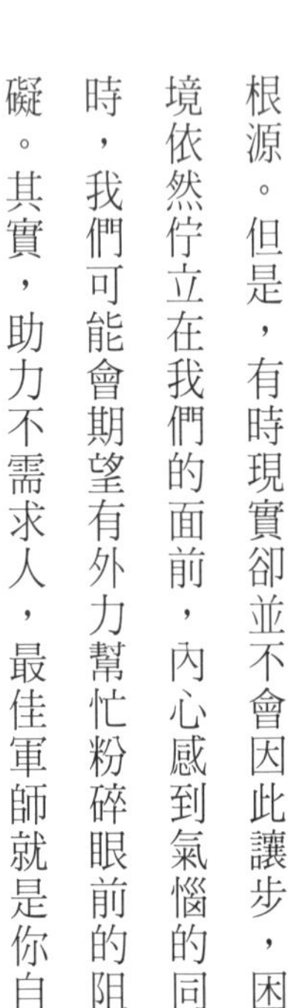

根源。但是，有時現實卻並不會因此讓步，困境依然佇立在我們的面前，內心感到氣惱的同時，我們可能會期望有外力幫忙粉碎眼前的阻礙。其實，助力不需求人，最佳軍師就是你自己。

無論你採取什麼方法，首要的條件是先試著調整心境，唯有先忍下胸中的煩悶，才能沉著地面對生活的阻礙。那麼，我們究竟該從何思考、如何調整呢？

1.容人之過，是一種氣度的養成

人難免會犯錯，這個時候，我們最希望的是得到他人的原諒，所以，當別人在無意間冒犯我們的時候，不妨將心比心，試著避開情緒化的批評，寬心以對。

諒解不僅能贏得對方的尊重，同時也解放自己原先抑鬱的心胸。就好像當你走在平坦的大馬路上，忽見一巨石擋住去路，你可以停下腳步抱怨，惹得自己滿腔氣憤；也可以想想是否有其他的路，直接繞過石頭，帶著愉悅之情繼續享受旅程。

下次想要苛責他人之前，試著把眼光放得長遠些，用氣度包容他人的過失，你也會受益於人和，最終成就一番大事業。

2. 容人之異，方能得人心

每個人都無法孤立於人群而生存。我們都會渴望友誼、企盼在關鍵時刻得到他人的援助。既然如此，就應該在平日廣結善緣、寬大為懷。沒有一個人是完美無缺的，只要你擁有一顆能體諒他人的心，廣納各種不同的見解與作法，善用各人的優勢，有了眾人的協助，你的目標才能早一步實現。

別忘了，一個人的氣度就決定人生的格局。不要認為理直就可以氣壯，替別人留點餘地，能容人者眾人歸，如想成就一番偉業，必得他人相助，既然如此，又何必斤斤計較一時的對錯呢？

人比人，氣死人，

別被莫名其妙的虛榮心牽著走，

因為別人擁有的，不一定是你真的需要的，

回到自己生命的軌道，

存下夢想的第一桶金，

你也能擁有最富有充實的生命！

Part 3

戰勝愛比較的心魔，掙脫欲望的掌控力

Don’t let the bad moods turn you down. Take everything eas

性格透視

Q 你對現在的生活滿意嗎？

你是一位鄉下地方的鎮長，與對岸的都市，僅有一河之隔。思考了許久，你決定在河上建一座大橋，希望藉著兩岸人民的交流變多，能帶動本鎮的發展力。試問，身為鎮長的你，會選擇在哪一個地段建這座橋呢？

A. 能接上對岸高速公路與鐵路的位置，開車過去之後就能通往各處。
B. 接上對岸的圖書館、博物館等文化區，促進兩岸居民的文化交流。
C. 接到對岸的商店街、郵局、銀行等地，增進日常生活的便利性。

性格解析

☑選擇A的人　不滿現狀指數90%

高速公路與鐵路都是協助人們可加速移動的公共設施，以交通便利性為優先的你，潛意識裡很不滿意目前的生活環境，所以有強烈的逃離願望。

雖然你也明白現在的生活需要時間才能轉變，但又等不及緩慢的轉變步調，巴不得能馬上飛往另一個世界呢！

☑選擇B的人　不滿現狀指數60％

文化能修身養性，選擇文化設施的你，和A型的人恰恰相反，是屬於消極抵抗現實的類型。

潛意識中的你，其實並不滿意目前的生活環境，也不愛隨波逐流的生活，所以，你想從心出發，尋找另外一個嶄新的自我。

如果說A型的人是徹頭徹尾的都市派，你就是典型的田園派了，因為無法適應現代都市的緊湊步調，讓你萌生改變的欲望，也算是不滿現況的人喔！

☑選擇C的人　不滿現狀指數30％

選擇和日常生活息息相關的地點，代表你很滿意目前的生活品質，只要偶爾能到對岸補足生活需求就好。

這樣的人因為對生活感到很滿意，不覺得自己有什麼額外的欲求，所以願意在原地等待機運，有改變的話，你會樂意接受，沒有轉變你也甘於享受現狀。

放下物欲的包袱，把擁有的當成最好的

知足使貧窮的人富有；而貪婪使富足的人貧窮。

——美國著名科學家　富蘭克林

每個人都有失望和不滿的時候，不是內心的願望沒有實現，就是欲望無法獲得滿足，所以在萌生失落感的同時，往往會因為得不到而怨天尤人。

這種時刻，我們不妨冷靜一點，問問自己：「我是真的需要這個東西，還是想要呢？」

欲望過多的人永遠活在缺憾中，對於自己缺少的東西，會產生一種類似海市蜃樓的幻覺，越看越喜歡、越看越想取得，結果反而因過度的追求而迷失自我，得到便感到欣喜、無法取得便生起悶氣；相比之下，知足者總是笑容滿面，因為他們懂得珍惜現有的一切，內心洋溢著感激之情，生活自然處處是陽光。

無止盡的欲望，反而讓你偏離理想生活的軌道

有一個資源豐饒、人民和樂的小國，國王深信此生所得之地位，是上輩子造福的結果，所以他想：「我現在擁有這麼多，若是能在此生繼續造福，那麼，來生不就可以享受更多的榮華富貴嗎？」

於是，他公告天下：「不分遠近、種族，只要能在七天內到王宮許願的人，我有求必應。」

一位智者看出國王造福的目的，只是為了追求無盡的欲望，就想點化他一下。這天，他化成一位乞丐來到國王面前。

國王說：「有什麼困難儘管說，我一定會滿足你的要求。」

乞丐回答：「我聽說國王您廣修布施，所以特來求取財物。」

國王說：「好，那就賜給你一堆財寶吧！」

於是，國王吩咐侍衛將一些黃金、珠寶交給乞丐，他謝過國王之後，就假裝要轉身離開，才沒走幾步，又回頭把賞賜放回原處。

國王感到困惑，問乞丐：「為什麼又退回來了呢？」

乞丐回答：「本來我只求三餐溫飽，但現在有了這麼多昂貴的寶物，總覺得沒有安全感，所以很希望能有一棟房子來守住這些財物。」

國王覺得乞丐的話很有道理，就說：「那麼你再多拿一些黃金去蓋房子吧！」侍衛也遵照國王的吩咐，多拿了一些黃金給乞丐。

乞丐露出笑容，抱著滿手的財物準備離開，但是，走沒幾步路又回頭了。感到不解的國王便問：「又怎麼啦？」

乞丐想了一下回答：「這些寶物只能蓋一棟小房子，若想娶妻生子，這點怎麼夠呢？」

了解乞丐的煩惱之後，國王回答：「好吧！那我好人做到底，再多給你一些，這些財產一定足夠你娶妻蓋屋了。」

乞丐又從侍衛手中接過國王賜給他的其他珍寶，沒想到，還沒走到門口，他再度回頭把東西放回地上。

國王很訝異地問：「你這個人真奇怪，這些財寶還不夠嗎？」

乞丐回答：「雖然這些足夠我娶妻生子，也能蓋棟大房子，但有了房子之後，我得請僕人來照顧妻兒與清掃環境，所以仍是不夠啊！」

站在兩旁的侍衛都皺起眉頭，世上怎麼會有這麼不知足的人？但是國王卻沒有因此而大發雷霆，對乞丐說：「也罷，那就再拿一些回去吧！」

乞丐捧起寶物，這下可堆得連乞丐的臉都看不到了。但是，走到門前，他又折返，把財寶原封不動地退回。

看到乞丐的舉動，國王頓失耐性，對他吼道：「這些已經夠你蓋房子、娶妻生子、請僕人了，你還嫌不夠嗎？這些財物足以讓你享受一生啊！」

乞丐嘆道：「即使夠我享受一生，可是等到孩子長大後，也要成家立業，怎麼算都不夠……唉！人生確實是追求不完呀！」

聽到乞丐的話，國王才頓有所悟。

他心想：「對啊！我現在已經過得很好了，卻還貪求來生的福報，不就像這乞丐一樣嗎？再怎麼填補也永遠嫌不夠，我應該要知足才是啊！」

乞丐知道國王已經了解到貪婪是痛苦之源的道理，就孑然一身地離開宮殿，到遙遠的地方繼續他的修行之旅了。

無止盡的欲求，這也是現代人的通病。網路寬頻時代的契機，更提昇購物的便利性，每天打開網頁，就是滿眼的產品訊息，再配合刷卡的機制，有時候就糊里糊塗地買下一堆自己並非真正需要的東西，因為缺乏實現夢想的基金，當然就只能離理想生活越來越遙遠了。

所以，當你又充滿想要購物的念頭時，先評估看看自己的現實所需！例如：如果你看中一件美麗的洋裝，先回家看一看自己衣櫥裡的衣服，搞不好你早就有款式、顏色都非常雷同的衣服，只是太久沒穿忘了，或是純粹就是「想要」而已。

如果是這樣，這根本就不是你「必要」之物，何不把準備要拿去「揮霍」的錢存下來，去實現更有實質意義的夢想呢？

得到不一定就是享受

執念是人類心中增生負面情緒的罪魁禍首，因為過度的執著、追求，如果無法獲得滿足，可能就會引發貪欲、嗔怒和執迷，為人生製造更多不必要的紛爭、煩惱。

為什麼人會一邊想要快樂，卻一邊做背道而馳的事呢？因為我們把自己的幸福搞得太複雜了，有時候，只要回到最初的心念：「為什麼我會想要這個東西呢？」找到心中的禍根，才能解決層出不窮的情緒問題。

有一位老父親與兩個兒子同住，由於經濟狀況不算富裕，所以三餐吃饅頭以果腹。每天早上，父親會準備每個人的早餐份量，他自己與大兒子都是五個饅頭，小兒子則是

消消氣Tips

◆ 羨慕容易使人盲目，當你一味地抱怨時，不妨先停下來想想，我真的需要這個嗎？從小事情做起，一點一滴地培養自己的知足心態，當你開始能控制自己的欲念，就能感激生活中的幸福了。

◆ 世界上沒有絕對的公平，如果我們成天為了不如意生氣，生活將不堪重負。其實，只要能屏棄理所當然的心態，珍惜現有的生活，所見之處將充滿陽光。

三個饅頭。

針對父親的分配，小兒子越想越不是滋味，就坐在門口的大樹下生悶氣。為什麼他就只有三個饅頭呢？越想越覺得不公平的小兒子，決定設法解決這件事情。

隔天，小兒子就向父親提出要求，自己以後也要吃五個饅頭。

父親問他：「你吃得下嗎？」

小兒子大聲地回答：「可以！我吃得下！」雖然很想勸阻，但父親看到他目光堅決的神情，還是點頭同意了。

過一會兒，早飯的時間到了，父親將自己的饅頭分了兩個給小兒子。而他也果真將五個饅頭吃完了，他拍著圓滾滾的肚皮，驕傲地對父親說：「父親，你看，我都吃完了。以後我要像大哥一樣，每天都吃五個饅頭！」

父親微笑地回答：「你的確都吃完了，但是明天早上的事，還是晚點再做定論吧！」

沒多久，小兒子就覺得身體不太舒服，為了舒緩胃部的不適，就喝了半杯水。沒想到，肚子反而比先前更脹了，他難受到只能躺在床上休息，完全無法正常工作。

看到兒子的狀況，老父親對他說：「平常你吃三個饅頭，今天你卻多吃了兩個，可是你卻沒有因此而變得更快樂，反而因為消化不良而感到痛苦。人生在世，得到不一定就是享受。千萬不要和人比較，知足，自然常樂。」

老二摸摸肚子，點頭說：「我了解了。父親，以後我還是吃三個饅頭吧！」

很多人之所以活得那麼累，不是因為被物質所困，而是因為放不下思想的包袱。物質豐足並不一定就高興，如果一個人的物欲橫流，不斷地向外索取，最後只會導致心靈的匱乏，泯滅了生命的意義。所以，適時地放下欲望，將現在擁有的當成最好的，懂得珍惜的人才能得到幸福的青睞。

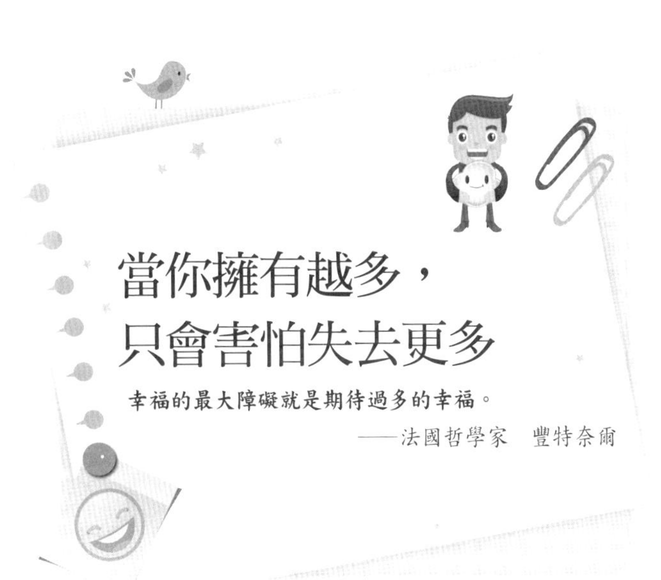

當你擁有越多，只會害怕失去更多

幸福的最大障礙就是期待過多的幸福。

——法國哲學家　豐特奈爾

你知道嗎？雖然我們要適當地補充水分，但如果不了解自己身體的負荷，飲水過量，反而會增加腎臟的負擔，甚至引發各種慢性疾病。欲望也是同樣的道理，過度地索求，只會因承受不住而失去原有的幸福。

就像我的姊妹淘Lisa原本有一位非常貼心的男友，對她幾乎是有求必應，明明是遠距離戀愛，但只要她希望兩人能聚聚，男方就會抽空來看她；她喜歡的東西，男友也都盡量滿足她。當時，我們都很羨慕她找到溫柔又多金的依靠，直到對方因為受不了而提出分手，我才了解到，原來過度的要求會讓幸福備受壓力，進而壓垮平衡，失去原有的快樂。

抽象的感情如是，具體的物質也是如此。如果沒有設下停損點，反而會因此陷入追逐欲望的無盡惡性循環之中。

把現有的餅做大，就能避免眼高手低

有一位農夫想要購買田地，四處打聽之後，聽說有位地主願意讓買地的人自由圈地，感到半信半疑的農夫到處打聽之下，終於找到了買主，向他確認傳聞的真實性。

地主回答：「是的，只要你繳一千元，這整座山的地就隨便你圈。不過，你只有一天的時間，從太陽升起的時候起算，到太陽落下地平線為止，這段時間你圈到的土地都歸你，但如果在太陽落下之後，你還沒有回到原點，那就什麼都沒有了。」

農夫聽了很高興，他想：「只要一千元，土地就要多大有多大，這實在是太划算了。」於是，他繳了一千元，和賣地人談好這樁買賣。

第二天清晨太陽剛升起，農夫就開始劃地界，到了中午，他也顧不得吃飯，不停地往前走。即使早就已看不見出發的地點，他還是堅持繼續往前走，心裡想著：「我只要再走遠一點，就可以得到更大的土地。」

農夫一直走、一直走，眼看太陽都要下山，他卻還沒繞回來，他的心裡越來越著急，用盡全力奔回起點，就在太陽落下的那一刻，農夫終於趕到，已然耗盡力氣的他剛好倒在起點的那條線上。

「怎麼樣？圈到很多地了吧？」圍觀的鄰居好奇地問，但農夫卻沒有反應，這才發現，他已經一命嗚呼了。

當我們有機會實現自己的夢想之時，千萬不要忘記了自己最初是為了什麼而追求，否則容易因為一時的貪婪，而得不償失。就像這位農夫一般，如果他已預先想好農地的規模，就不會因過重的得失心吞噬生命。

而且，即使農夫沒有賠上一條命，第二種可能的結局就是他在日落前依舊趕不到起點，那麼他可能也會因此而怨天怨地、抑鬱不平，但是就像他與地主最初的約定般，人生也有一定的遊戲規則，那就是：該是你的，終究會到你身邊；如果不屬於你的，你怎麼搶也搶不走。

所以，與其去想想自己缺乏什麼，不如想想自己已擁有什麼，把現有的餅做大，就能避免「眼高手低」的失敗，夢想也會因你的逐夢踏實而更靠近。

其實你真的不需要那麼多

大家都明白知足常樂的道理，但是，知難行易。其實，這並不能單純地歸咎於不知足，而是因為我們的確能從滿足欲望的行為當中獲得快樂，只是這種幸福很短暫而已。

如果你意外獲得獎金一千元，會感到欣喜，但過了幾個禮拜，好心情便會被淡忘，

消消氣Tips

◆ 與其去想想自己缺乏什麼，不如想想自己已擁有什麼，把現有的餅做大，就能避免「眼高手低」的失敗，夢想也會因你的逐夢踏實而更靠近。

◆ 要學會控制情緒，就必須先掌握自己心中的欲求，當你拔掉心中那個「理所當然」會得到的刺，看看現下的生活，你會發現自己其實已經很富足了。

因此，就想要以另一種欲求來刺激情緒的神經，於是就在不知不覺中陷入了追逐物欲的生活，長久下來，總會有無法達成的時候，這時的我們，才能深刻地體認到求不得的苦。

相比之下，知足的人顯得淡定許多，為什麼少了欲望點綴的快樂，他們仍能展露笑容？

其實，只要你細想「知足常樂」這四個字，就能了解緣由。知足的人或許不像被滿足欲望的人般，獲得短暫的美好喜悅。但是，他們能在平淡的生活中「汲取快樂」，擁有一顆知足的心，讓他的心情穩定，自然不會因一時無所得而情緒暴躁，不論環境資源如何變遷，他所得到的，是一份平靜且長久的快樂。

從我幼時起，母親對我的管教就很嚴格，出門逛街前，她會在家先講清楚：今天能不能買玩具？或是只能挑一個，自我有記憶以來，就是在這種說一不二的家庭中成長。

如果我問母親：「別人都有，為什麼我不能買？」

她的回答幾乎都是：「你不是已經有一個差不多的嗎？為什麼還要買？」

長大之後，我才理解母親的用心良苦，是為了教導我控制欲望。現在的我，即便看到別人擁有的東西，也不會羨慕，心裡沒有欲望的無底洞，自然也不需要花力氣去填補。

明明有了還想再要的欲望階梯，其實是心態上的不足，很多東西我們不是沒有，只是礙於品牌、美觀度等等的考量，才想要汰舊換新。在能力所及的範圍之內，購物的行為的確能讓人感到心情舒暢，假如你並不具備這樣的財力，就要學會駕馭自己的欲望，不要讓它主導了心情。

我想，這也是現今社會中，為什麼偶有丈夫為了詐領保險金，而殺了自己太太的案件；或是兒子分不到想要的遺產，就惡意遺棄年邁父母的原因，因為他們就是抱持著一種「應得」卻「失望」的憤恨，繼而讓自己的人生走調。所以，要學會控制情緒，就必須先掌握自己心中的欲求，當你拔掉心中那個「理所當然」會得到的刺，看看現下的生活，你會發現自己其實已經很富足了。

人比人氣死人，拒當虛榮心的俘虜

虛榮是一個不知足的掠食者，它在吞噬一切之後，必然會犧牲在自己的貪欲之下。

——英國文學家　莎士比亞

法國哲學家柏格森說過：「我們很難承認虛榮心是一種惡行，然而一切惡行都圍繞著虛榮心而生，都不過是滿足它的手段。」

一個人的內心如果只想著那些不切實際的虛榮，就會為了滿足自我而變得不擇手段，最終迷失在欲望中，導致自己變得患得患失。如果為了達不成的願望氣憤不已，但得到這些東西以後，你就會快樂知足了嗎？你應該問問自己。

找回生命最初的價值

風靡於美國一九七〇到一九八〇年代的歌唱團體「木匠兄妹」，曾唱出許多膾炙人口的歌曲，例如：《Close to you》、《Yesterday Once More》……等。但盛名之累，也讓女主唱凱倫·卡本特對自己的體重數字過於敏感，為了維持纖瘦的身材，她長期服用一種催吐糖漿，並導致身心失調而罹患了嚴重的厭食症，最後只好住進紐約的醫院接受治療。

養病的兩個月間，凱倫的狀態一度好轉，體重也增加了十五公斤，而回到父母家中靜養。沒想到，這卻讓早就視「體重數字」為「完美指標」之一的她深受打擊，病情直轉直下，最後因心臟衰竭而死亡，這年她才三十二歲而已。

凱倫的情況並非特例，許多螢光幕前的藝人也都備受節食之苦，甚至只要多吃一小塊肉，就會過度地責怪自己，這種懲罰性的手段，只會讓自己離生命的本質越來越遠。如果只是為了追求美好的外在，而忘了生命真正的本質——快樂地做你自己，那麼就算達到了目標，你的心因為過度在意外在的眼光，而忘了自己最初的模樣，依舊無法被滿足。

虛榮是蓋在自尊上的違章建築

由於從小的教育環境使然，所以台灣的孩子常常在一種備受「競爭壓力」的環境下成長，久而久之，就內化成一種「凡事都愛比較」的性格，比來比去，反而忘了自己最想要的東西到底是什麼。

比方說，看到別家孩子的課業表現優異，父母就希望自己的小孩能向他看齊，為此強迫小孩要考得比別人好，如果沒考到預期的分數，就對孩子大肆批評；與友人聚餐時，如果發現他選的餐廳非常高檔，其他人都讚不絕口，所以自己下次也要選擇高價位的餐廳以博得讚譽。這些行為都在無形中加重了我們的負荷。

因為想滿足自己的心願而去壓榨小孩的快樂、為了贏得聲譽而掏空自己的荷包，到最後才發覺這些所作所為有多麼不明智。其實，只要掌握一個簡單的要領，就能大幅減低後悔的機率，這個訣竅就是：拆除在自尊上的虛榮建築！

記得有一晚父親下班回家，和我們聊到他的同事去參加豪華郵輪之旅的經歷，途中不僅風景優美、舒適平穩，還買到不少價格便宜、品質又好的免稅商品。正納悶父親怎麼講得比平日起勁時，他就開口問：「我們也找個機會去好不好？」後來因為母親與我皆不贊同，父親也只好作罷。

平心而論，父親並不是一個虛榮的人，但很容易被他人的言語慫恿，萌生暫時的比較之心，期望自己也能擁有與他人相同的美好經歷，如果沒有稍加制止，那份期望很快就會化為行動的野心。一時捕風捉影的聽聞竟能化為如此強烈的欲望，讓人忘記現實，去謀求超出自己能力的夢，想想多少卡債是由此而生！

消消氣Tips

◆ 如果只是為了追求美好的外在，而忘了生命真正的本質：快樂地做你自己，那麼就算達到了目標，你的心因為過度在意外在的眼光，而忘了自己最初的模樣，依舊無法被滿足。

◆ 一個人的內心如果只想著那些不切實際的榮耀，只會導致自己變得患得患失，為了達不成的願望氣憤不已。但得到這些東西之後，你就會快樂知足了嗎？你應該問問自己。

一般而言，有兩種心態是孕育虛榮心的溫床：第一種是過強的自尊心，因為太執著他人對自己的讚美，所以無法忍受屈居於人後；第二種則完全相反，是因為長期失敗累積而成的自卑，因為強烈渴望受到他人肯定的結果，容易讓這類型的人淪於自欺欺人，善用小聰明來吸引他人的目光，這樣的作法或許在開始會有效果，但無法通過時間的考驗，最終還是重蹈失敗的覆轍。

無論是何者心態引起的浮誇性格，都無法增添生活中的喜悅，因為我們只會活在假想的綺麗夢境裡，當夢一醒，剩下的就只有無盡的空虛。

要克服這樣的性格缺陷，就必須清楚自己真正需要的是什麼？藉此從虛榮的崖邊回頭，找回正確的人生價值，就不用為了別人的一句誇獎，使自己心力交瘁。

從小學開始，哪一個在講台上受獎的學生不顯得意氣風發呢？自己的勤奮不懈得到肯定的時候，可以坦然地接受那些讚許，但是，千萬不要因此本末倒置。他人的掌聲只是額外的點綴，不該成為我們生活的重心。否則，當自覺應該受到褒獎，卻無人聞問時，就會心生怨恨，讓負面思考改變的人生的走向。所以，先認清名利光環的本質，到底適不適合自己？才能成功擺脫誘惑，從虛榮心的監獄中成功脫逃。

分享所有，忘卻占有

只有在你覺得知足的時候，金錢才會帶給你快樂，否則的話，它只會招來煩惱和妒忌。

——詩人　席慕蓉

人人都喜歡名利與讚美，但是，我們要學會適可而止，才不會淪於貪求。平時，我會用「分享」來平衡內心的貪念，別人送我食物，就拿出來與人共享；如果在路上拿到多的試用品，我就會留一份給朋友。

在得到好處的時候不貪多，才不會在失去的時候勃然大怒，反而會更珍惜生活的美好。

過度貪婪，招致不幸的結局

一對好朋友在樹林裡散步，突然聽見有人大叫，他們轉頭一看，看到一位乞丐從樹林中跑出來，兩個人便問乞丐：「發生什麼事了？你怎麼這麼慌張？」

乞丐說：「太可怕了，我剛剛在樹林裡挖到一堆黃金。」

兩人聽了哈哈大笑，心裡都在嘲笑乞丐，竟然恐懼這樣的好事。

其中一個人問：「那你能告訴我們那堆黃金在哪裡嗎？」

乞丐露出緊張的神情說：「難道你們不怕嗎？那東西可是會吃人的。」

他們回答：「我們不怕，你就放心告訴我們吧！」乞丐就替他們指路，還告訴他們黃金埋在最東邊的樹下面，說完他就離開了。

這兩人很快就找到了那棵樹，興奮地發現樹下果然有很多黃金。

其中一人說：「那乞丐真是個傻瓜，人人都喜愛的黃金，他竟然說是會吃人的東西，有了這些他還需要乞討嗎？」

另一人點頭附和，接著兩人便討論該怎麼處理這堆這筆意外之財，其中一個人提議：「大白天抱著這些黃金回鎮上太引人注目了，這樣吧！你先回去買點吃的東西來，我負責在這裡留守，以免被其他人發現。等你買完食物回來，我們就一起待在樹林裡。入夜之後，再把黃金拿回家。」另一個朋友也認同這個做法，於是便去買吃的了。

朋友離開之後，留守寶物的這個人心想：「兩人平分是不錯，但如果可以獨享這些黃金的話不是更好嗎？」於是在貪念的驅使之下，他擬定了一個惡毒的計畫。

過了一陣子，買食物的人回來了，一時之間沒有看到留在原地的朋友，他就坐在樹下等待，就在這時，原本留守的那個人拿著一根木棒，躡手躡腳地靠近，趁朋友沒注意，一棒打死了朋友！

之後，這個人邊想著自己擁有的意外之財，邊享用朋友買來的餐點，沒多久，他突然感覺胃底一陣翻湧，腹痛如絞，這時候他才意識到食物有問題。原來，去買東西的朋友與他有懷有同樣惡毒的心思，想要獨吞黃金，所以在飯菜裡放了毒藥。這時他才開始後悔自己當初為何不聽乞丐的話，如果早一點遠離這堆害人不淺的黃金，他們也不用賠上自己的性命了。

黃金確實不會吃人，但卻能引發人的貪念，受到貪欲的引誘，就可能讓人迷失自我，為了利益而不擇手段，最終為此付出代價。如果這兩個人一開始就能像乞丐一樣，遠離會點燃欲望之火的橫財，或者在得到的時候，不去妄想、爭鬥不屬於自己的財物，那他們就不用為此犧牲了。

遠離誘惑，還給自己一片清靜

生活在誘惑無限的時代，要做到無欲無求很困難，但我們可以追求有限的目標，讓人生心有定向而不至於迷亂。

戰國時代時，楚王聽說莊子很有學問，特意派了兩個大夫去聘請他為相。這兩位大夫在江邊找到正在釣魚的莊子，向莊子說道：「吾王久聞先生賢名，欲以國事相累。深望先生欣然出山，上以為君王分憂，下以為黎民謀福。」

莊子聽了，淡然說道：「我聽說楚國有隻神龜，被殺死時已三千歲了。楚王覆之以錦緞，供奉在廟堂之上。請問兩位大夫，此龜是寧願死後留骨而貴，還是寧願生時在泥水中潛行曳尾呢？」

這兩位大夫毫不猶豫地回答：「自然是願活著在泥水中搖尾而行。」

莊子笑答：「那就讓我拖著尾巴在泥地裡生活吧！」

對送上門的名利誘惑，莊子絲毫不為之動搖，你可以說他是清高無欲，但我認為，莊子是因為明白自己所嚮往的，是無處不自得的逍遙生活，所以才能毅然決然地拒絕「一人之下，萬人之上」的宰相職位。

面臨重大抉擇的時候，我們也應該先靜下心來思索自己最看重的是什麼，才不會被一時的欲望迷惑，而偏離理想的方向。

舉例來說，當有公司以高薪邀請你跳槽的時候，你會如何抉擇呢？當我們面臨這種情形時，會以什麼為優先考量呢？誰都不希望在自己答應了邀約之後，卻發現新公司已經搖搖欲墜，毫無保障吧？因此，除了薪水之外，我們還必須考慮那間公司的穩定性、

消消氣Tips

◆ 在得到好處時不貪多，才不會在失去時因失落而勃然大怒，反而會更珍惜生活的美好。

◆ 生活在這個充滿誘惑的時代，要做到無欲無求很困難，但我們可以追求有限的目標，讓人生心有定向而不至於迷亂。

發展性、公司文化……等因素，如此才能跳脫純利益的思維框架，更審慎地做決定。

面對生活中看似光鮮亮麗的事物，我們可以問自己：「得不到會很嚴重嗎？」

畢竟錢財與名利生不帶來，死不帶去，滿足的快感只會稍停片刻，接著要面對的，就是快感消逝後的痛苦。比方說，為了取得考試第一名而變得患得患失，一旦排名被人超越就煩躁不安，甚至獨自惱怒，沉淪於自我責怪的情緒中，這樣又怎麼能看見學習的價值？既然你已經盡心盡力準備了，那麼就無須過度在意一時的成績，只要你已經完整地吸收了這段時間學習的成果，就已經獲得無形的報酬了，又何必非要獲得有形的肯定呢？每個人都有不同的天賦，並不是名列前茅的成績，就可以做為未來人生順利的保證。學習如此，職場亦然。

著名作家劉墉曾說過：「年輕人要過一段『潛水艇』似的生活：先短暫隱形，找尋目標，耐得住寂寞，經得起誘惑，積蓄能量，日後方能毫無所懼，成功地浮出水面。」一

所以，不用計較自己現在的情況是優勢還是劣勢的一方，只要你知道自己在做什麼？為什麼而做？並且持續努力去做，總有一天，會建立應得的成就。

更要記住，人生的風水輪流轉的，低潮時，只要潛心努力，總有浮出檯面的一天；得意時，別忘了這並非你一人的成就，今日之所以有這樣的成績，都有賴其他人、資源的相互配合，所以你的榮耀也該與其他人共享，不應以為單是自己的功勞。

如果你心中能建立這樣的觀念，忘卻獨享之心、懂得分享，那麼也就自然而然地解決了許多不必要的意氣之爭，而能快樂地享受成就，心無罣礙地朝下一個目標繼續努力。

幸福只要「剛剛好」就好

所謂幸福的人，是只記得一生中快樂時光的人；而所謂不幸的人，只記得與此相反的內容。

——日本近代詩人　荻原朔太郎

出遠門的時候，你是否會因為擔心少了這個、缺了那個，最後拖著好幾包的行李出門呢？結果，大部分的物品都沒有用到，還因超重的行李影響了整趟旅程的品質。

其實，不論是旅行還是生活都一樣，我們的身心都有一定承載的限制。過度的要求反而只會超出心理的負荷，影響到自己的情緒，甚至是與他人之間原本友好的關係，導致原本輕鬆愉快的人生旅程悄然變質。

需索無度，只會背離幸福

從前有一位愛財如命的國王，無論擁有多少的財富，他都不滿足。所以，每天都鬱鬱寡歡，不得安樂。一天，他向神祈求：「神啊，希望您賜予我一雙點石成金的手，這樣我的人生就了無遺憾了！」

天神嘆了一口氣，問國王：「你真的認為點石成金能為人生帶來幸福嗎？」

國王回答：「是的！」

於是，神應允了國王的願望，賜給他一雙伸手所及之物都會變成黃金的手。國王興奮地到處試驗點石成金的魔法，果然，只要是被他碰過的東西，不論是柔軟的衣物、還是檜木製的桌椅，轉瞬間就變成耀眼的黃金材質。

隔天，早餐的時間到了，國王習慣性地伸手觸碰眼前的食物，可是，牛奶變成了黃金、麵包、熱湯……各種美食全都變成了僵硬的黃金。國王因為什麼東西都不能吃，只好餓著肚子結束這餐飯。

心情鬱悶的國王到花園裡散心時，看到一朵開得非常嬌豔的玫瑰，可是，當他一碰到玫瑰的花瓣，花朵立即變成冰冷的黃金，反而使他更加失落。

整個下午，國王都將自己關在房間裡，雖然皇宮中處處充滿著金碧輝煌的生活用品，但是他卻沒有想像中的喜悅。

到了晚上，國王最疼愛的小女兒前來拜見，天真的小女兒依舊像往常一般，伸出雙手環抱國王，果不其然，他最疼愛的小女兒變成了一座黃金的雕像。

國王對自己一時的貪念感到後悔萬分，流著淚向天神祈求：「神啊，請寬恕我吧！

我什麼都不要了，只求您將女兒還給我。」

天神再度出現在國王的面前，微笑著問：「你是真心懺悔了嗎？」

國王回答：「是的。我原本以為擁有更多財富就會快樂，可是竟連最愛的親人也無法擁抱，這樣的話，擁有再多的金銀財寶又有什麼意思？」

天神點了點頭，對國王說：「那好吧！你現在到護城河裡把你的雙手洗乾淨，再回去抱抱你女兒的雕像，一切就會回復原狀了。」

國王感激地向天神磕頭，他立刻跑到河邊，用力地清洗雙手，接著他趕回皇宮擁抱女兒的雕像。下一刻佇立在他面前的，不再是冷冰冰的黃金擺飾，他的小女兒又回到了他身邊。

如同國王犯的錯一般，我們常常會以為自己需要更多的錢、更名貴的車子、更氣派的房子……但是，當你擁有一切之後，卻一點也不快樂。仔細想想，求取物質不就是為了得到更美好的生活？那麼，如果因此忽略了朋友與家人，失去生命中最重要的精神支援豈不是顧此失彼、本末倒置了嗎？

消消氣Tips

◆ 幸福就像合腳的鞋子，大小適中，走起路來自然輕鬆舒適。過度膨脹的欲望就像是不合腳的寬大鞋子，造型可能精緻得讓人移不開視線，卻不符合你的需求。

◆ 我們的身心都有一定承載的限制，過度的要求只會超出心理的負荷，影響到自己的情緒，與他人之間的關係，導致人生的旅程悄然變質。

恰好的重量，適量的幸福

縈繞在生活中的幸福，不需要太多，剛剛好最適當。不管是多麼微不足道的小事，只要我們能從中品嘗到幸福的滋味，那就夠了。恰好的幸福，像路邊傳來的咖啡香味，讓我們佇足回味，但一旦過濃，咖啡香就會變質成苦澀的焦味，令人想逃之夭夭。

我曾在路邊遇過一對母女，小女孩的媽媽因為在彩券行買了一連幾張刮刮樂都沒中獎，看起來氣急敗壞，小女孩語帶委屈、小心翼翼地問媽媽說：「媽媽，你有愛你的爸爸、疼你的爺爺與奶奶、還有我陪你，我們家也不缺錢，為什麼我們還要買刮刮樂呢？萬一真的中了，老天爺會不會從我們這裡收回幸福啊？」

這個媽媽被孩子的童言童語問得啞口無

言，仔細想想，自己其實什麼都不缺，但卻因為刮不中的獎券而憤怒，她抱起女兒，笑著說：「是啊，我不能太貪心，不然幸福也許真的就會被收走了呢！」

我曾經看過一段格言：「真正的幸福來自於內心，不能以金錢、權力、名利來衡量，如果以強迫的手段奪取，或以執著的態度來看待這些世間之物，它們就會成為痛苦和悲傷的根源。」

其實，想要獲得幸福其實並沒有想像中的那樣困難，難的是如何不忽略它。很多時候，快樂已經握在手中，只是我們不知只要鬆開手就能看見，反而期待著從天而降的福氣。於是我們總在等待，也飽嘗失落，還為此感到憤怒，抱怨世界的不公。與其為了不平等的待遇唉聲嘆氣，不如試著放下不切實際的幻想，從現在開始，用平常心去感受生活的喜悅吧！

只要懂得珍惜所有，眼前所見的都能帶來歡愉。幸福不需要「太大」，只要「恰恰好」就好。

每個人都有一些自己的原則，

當別人誤觸地雷時，

大發雷霆只會讓溝通破局，

多一點包容與體諒之心，

了解差異後，更有助於增進關係。

Part 4

打開心胸，
寬恕別人就是放過自己

Don't let the bad moods turn you down. Take everything ea

Q 你的度量有多大？

你參加「地中海豪華郵輪之旅」的途中，卻遇上大海嘯，當郵輪被捲入大海之際，你也失去意識……再度睜開眼時，你發現自己漂到一座無人小島，島上有一棵高大的椰子樹，樹下還有一把斧頭。後來，你還發現島上的糧食約可吃一年，又看見海邊出現一隻具有靈性的大海龜。試想如果你曾經參加過游渡海峽的比賽，會用什麼方式脫身呢？

A. 反正不缺食物，就在這裡等待船隻經過吧！

B. 試著游到對岸，這點小事難不倒我。

C. 試著和大海龜溝通，坐在牠身上離開小島。

D. 你沒看過《魯賓遜漂流記》嗎？找木材造艘小船才最實在。

性格解析

☑選擇A的人　寬容指數40%

選擇在島上等待救援的你是個典型的懷疑論者，習慣去思索他人的話是真是假、有沒有隱藏真相。不過，因為受過教育的薰陶，所以即使你心生懷疑，也會認為自己應該要相信對方，內心交戰的結果，往往會給人一種反覆無常的印象。

☑選擇B的人 寬容指數60％

選擇自立自強，游渡大海的人，認為凡事該以和為貴。遇到不公平的待遇時，就算內心不滿，也不會輕易地表露出來。這樣的你，並非真的不在意，只是會為了團體氣氛，而說服自己不要在意，小心壓抑過久會內傷喔！

☑選擇C的人 寬容指數80％

選擇乘坐大海龜離開的人，性格柔軟，對於週遭事物的包容力強，對人比較沒有防衛心，也不會過度放大心中的情緒。這樣的你，就像一隻純潔的小白兔，懷疑與猜忌基本上是與你無緣的，因為你是個胸襟開闊的人。

☑選擇D的人 寬容指數20％

選擇自己動手造船的你，思緒敏捷、條理清晰，對於事情的利弊得失都看得很清楚。這樣的你，非常適合都市叢林的生活型態。必須注意的是，因為你看起來太過精明，感覺很會斤斤計較，所以剛開始認識你的人，也會主動和你保持距離，建議你多釋出一點親和力，朋友也會和你更親近。

人非聖賢孰無過，用寬恕取代發怒

世界上最寬闊的是海洋，比海洋更寬廣的是天空，比天空更廣闊的是人的胸懷。

——法國文豪　雨果

生活當中的逆境無可避免，無論是多麼受到上天眷顧的天之驕子，都不免會遇到各種不如意的境遇。在面臨這些考驗時，許多人往往會淪於負面情緒的奴隸，個性較內斂的人，可能會把不開心的情緒悶在心裡；但個性較直接、火爆的人，甚至可能採取激烈的報復手段，引發人際問題。

仔細想一想，那些無法掌控脾氣的人，在你心中留下了什麼樣的印象呢？因怒火高漲而斥責旁人的舉止，往往讓我們退避三舍。就算想溝通，也可能因懼怕而作罷。不管是在工作、還是人際關係上，都造成了難以跨越的阻礙。反之，面對心胸寬大的人時，我們都敢與他討論各種想法，而能讓工作順利進行。所以，假如我們能包容眼前一時的不順遂，自我檢討、改進，反而能增進效率、拓展人緣。

歷史上那些受人景仰、並能成就大事業的人，往往也具備寬容的性格。因為寬廣的胸襟讓他們在「識人」之前，就能先廣納各領域的「璞玉」，因為他的胸襟是寬廣的，可以接受各種人的建言、善用他們不同的能力，自然能拓展人生的格局，走向成功的台階。

別人又不是你肚中的蛔蟲

亞歷山大大帝是西方有史以來最偉大的領袖人物之一，他曾經統一了戰亂不斷的希臘諸邦，征服的領土包括波斯、埃及，甚至遠達印度的邊界。戰績輝煌的他，正是寬大為懷的典型代表。

某次，亞歷山大大帝到俄國西部旅行。這天，他來到一間小旅館，為了勘察民情，他決定徒步旅行。一天下來，也了解不少民情，可做為日後執政的參考，當他打算回旅館休息之際，正走到一個三岔路口前面，亞歷山大停下腳步，他記不得往旅館的路是哪一條了。

這時，他看見有位軍人站在樹蔭下休息，於是他上前問道：「朋友，你能告訴我去旅館的路嗎？」

看似市井小民的亞歷山大，傲慢地回答：「向左走！」

「謝謝！」亞歷山大又問道：「請問這裡離旅館還有多遠？」

「一英里。」那軍人瞥了亞歷山大一眼，有些不耐煩地回答。

亞歷山大謝過軍官，向他道別，剛走了幾步便又折返，面帶微笑著說：「不好意思，我可以再問你一個問題嗎？」軍官皺起眉頭，看起來很不樂意，但他還是點頭答應。

亞歷山大問：「請問你的軍階是什麼？」

軍人吸了一口煙，露出高傲的神情說：「你猜。」

亞歷山大笑著問他：「中尉？」

那軍官撇了撇嘴唇，一副不屑的樣子。

「上尉？」亞歷山大接著問。

軍人擺出一副很了不起的樣子說：「比這還高。」

「那麼，你是少校？」

「是的！」軍官驕傲地回答。

於是，亞歷山大敬佩地向他敬了禮。

然後，這位少校神氣地問道：「那你呢？」

亞歷山大故作神秘地回答：「你猜！」

「中尉？」

亞歷山大搖頭笑著說：「不是。」

「上尉？」

「也不是！」

「那麼你也是少校？」

亞歷山大鎮靜地說：「繼續猜！」

少校拿下煙斗，先前傲慢的神情一下子全消失了。他用十分尊敬的語氣低聲說：「那麼，您是部長或將軍？」

「都不是。」亞歷山大說。

「殿、殿下是陸軍元帥嗎？」少校這下連話都說不清楚，結結巴巴地問。

「我的少校，再猜一次吧！」亞歷山大笑著說。

「皇帝陛下！」少校的煙斗掉到地上，猛地跪在亞歷山大面前，急忙喊道：「陛下，請饒恕我的無知！」

亞歷山大扶起跪地求饒的軍官，說道：「你並沒有傷害我，為什麼要請求我的寬恕呢？你為我指路，我應該感謝你才是啊！」

在人際互動中，難免會遇到被人冒犯的情形，這時，有的人會認定對方是懷抱著惡意貶低自己，放任內心被憤怒矇蔽而無法冷靜地看待眼前的人事物。其實，別人根本就是無心之過。就像無論那位軍官是如何地瞧不起亞歷山大，都無損他皇帝陛下的尊貴，甚至當對方了解他的真實身分後，會更加尊崇他的寬大胸襟。

我們每天都會與無數的人互動，但是，卻不是每個人都了解你的個性與過往的經歷。每個人都帶有自己主觀的評斷，如果你並非像他所說的那樣，就無須為此大發脾氣。也不需要刻意去辯解或指責對方，因為，只要認識久了，對方自然會明白你是什麼樣的人。

嚴以律己，更要寬以待人

心胸狹窄的利己主義者，習慣指責他人，尤其是當情況損害到自己的權益時，更會一味地將過失歸咎於自身以外的因素，抱怨客觀條件的不利、甚至怒斥他人，結果不但解決不了問題，反而引來無謂的爭吵，導致人際關係的破裂。

其實，這樣的作法就像是拿鎖鏈套住自己的脖子，不僅讓情緒隨著外界起伏，也因為奔騰的怒火而無法冷靜。相反的，若是我們能寬待別人的失誤，就能以相對輕鬆的心態去看待事情。只要深呼吸一下，慢慢地呼出胸中的鬱悶，也許你就能體認到，自己根本不需要為了一點小事而氣得火冒三丈。

在怒氣萌芽的階段，不妨先寫下造成阻礙的各種可能要素，這個時候不要刻意避開自己的角色。因為問題之所以會浮現，多半是雙方共同造成的。所以，不要只著眼於其他人的作為，而要警覺到自己的過失。

假如你因為負面情緒而無法沉著思考，可以在紙上寫出「對方」、「我」兩個大標題，再開始檢討得失，這樣就能強迫自己反省，避免因過度地指責他人而引起無益的爭執。

不過，有些人無論如何都冷靜不下來，被「為什麼他要這樣對我？」的情緒所束縛。想了十幾個生氣的理由，就是找不出一個寬待他人的原因。這時，不妨用同理心想一想：難道我一生都不會犯錯？犯了錯，是不是同樣希望得到原諒？如果咄咄逼人，別人又怎麼會包容我的錯誤？

當我和朋友論及這個觀點時，有位朋友對我說：「我不需要別人的原諒，因為我

消消氣Tips

◆ 不是每個人都了解你的本質。面對他人的批評時，不需要因而惱怒、指責對方，只要交往的時間久了，對方自然會明白你是什麼樣的人。

◆ 不要過分誇大、渲染其他人的無心之過。其實，當你試著壓下自己的怒火，冷靜地看待問題本身時，旁人反而會更願意親近你。

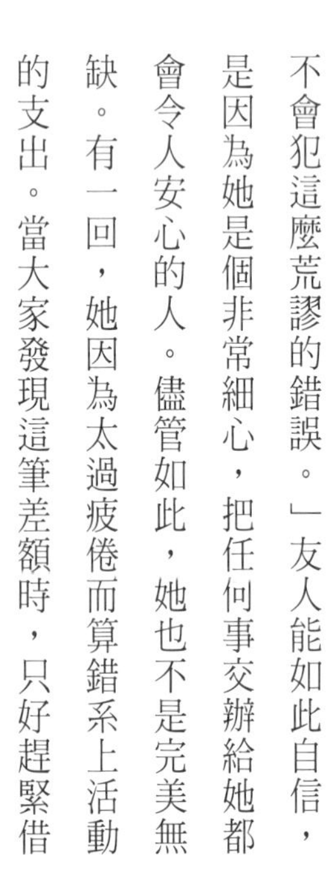

不會犯這麼荒謬的錯誤。」友人能如此自信，是因為她是個非常細心，把任何事交辦給她都會令人安心的人。儘管如此，她也不是完美無缺。有一回，她因為太過疲倦而算錯系上活動的支出。當大家發現這筆差額時，只好趕緊借用其他活動的補助經費補齊。

當時，她說：「怎麼可能？我從來沒出過這種錯誤。」

我反問她：「為什麼不可能？你也是人，當然可能出錯。」

就連電腦都可能故障，更何況是普通人呢？犯錯是人之常情，既然如此，我們不需要放大檢視別人的過失，而應該學會互相體諒，減少人際衝突的同時，還能讓自己活得更自在。

我們當然都期許自己能盡善盡美，但是，人生就是成功與失敗的綜合體，有做得幾近完美的時刻，也就有必須修正錯誤的情形，千萬不能太自負，否則，在你慘遭滑鐵盧的時候，就沒有人願意給你修補的機會了。

人非聖賢，孰能無過？再嚴以律己的人，也有犯錯的時候。放下手裡的顯微鏡，寬容以待。其實，很多時候並非別人的過失不可原諒，而是你不願意寬恕他人，釋放自己執拗的心。其實，只要你能試著寬容，不要一直執著於別人的過錯，不僅能沉澱心情，還能藉此拉近彼此的關係，換得幾個可以患難與共的朋友，何樂而不為呢？

原諒別人，就是善待自己

一個偉大的人有兩顆心：一顆心流血，一顆心寬容。

——黎巴嫩詩人　紀伯倫

當我們發現自己受到欺騙或侮辱時，有時會因為心中憤怒不平，而怒斥對方，甚至採取極端的報復手段，但是，替自己出一口氣的結果，真的讓我們的情緒得到緩解了嗎？如果能換一種角度出發，試著去原諒他人，結果會有怎樣的轉變呢？

感動人心的包容力

曼德拉是享譽全球的諾貝爾和平獎得主。為了改變南非種族歧視所造成的差別待遇與社會問題，進行了長達五十年艱苦卓絕的奮鬥。

一九六二年八月，曼德拉因為反對種族隔離政策而被捕入獄，統治者將他關在荒涼的大西洋群島中的羅本島上長達二十七年。儘管當時的曼德拉年屆高齡，但是統治者並未因此寬待他，更下令要像對待其他的年輕犯人般，進行殘酷的虐待。

每天早晨，曼德拉跟著其他的犯人到採石場，用尖鎬和鐵鍬挖掘石灰石。除了採石灰石之外，他還必須將採石場的大石塊努力敲碎成可用的石材。因為曼德拉是要犯，所以政府特別派了三位看守人嚴加監管，他們也遵從著統治者的命令，總是尋找各種理由虐待曼德拉。

一九九〇年二月十一日，南非當局在國內外輿論壓力下，宣佈無條件釋放曼德拉。一九九四年五月，曼德拉成為南非的第一位黑人總統。在總統的就職典禮上，曼德拉起身致辭，歡迎來賓。

他先介紹了來自世界各國的政要，接著說，能接待這麼多尊貴的客人，他深感榮幸，但最讓他高興的，是當年在羅本島的三名獄方人員也來到了現場。

他邀請他們站起身，一一介紹給大家，曼德拉博大的胸襟和寬宏的精神，讓那些殘酷虐待他的人無地自容，也讓所有到場的人肅然起敬。看著年邁的曼德拉緩緩站起身，恭敬地向三個曾關押他的看守致敬，在場所有的來賓，以及全球在看電視轉播的觀眾都安靜了下來。

曼德拉解釋，自己年輕時脾氣非常暴躁，待人接物很不沉穩，正是因監獄中的磨練，才讓他學會控制情緒，處世更加圓融。他說，感恩與寬容經常是源自於痛苦與磨難的感同身受。「當我走出監獄，一步步邁向通往自由的大門時，我就下定決心，要把悲痛與怨恨留在身後。因為如果不這麼做，我就如同困在監獄中。」

冤冤相報何時了？如果一味地仇視別人，不但會使他人生活於痛苦之中，自己也受困於心靈的枷鎖，於人於己都不利。不如學學曼德拉的精神，用寬容的心去原諒，給他人自我反省的機會，也還給心靈一片平靜。

在人際關係的互動中，我們會藉由外在的客觀事實，並加上自己情感上的判斷，區別出「敵人」與「朋友」。既然是我們確立了敵我的界限，當然也只有自己才能化解仇恨。

曼德拉之所以能寬恕那些待他嚴苛的人，是因為他深知那是讓自己從磨難中解脫的鑰匙，當自己不再因為過去的經歷而憤恨不平，內心已真正寬恕那些折磨自己的人時，才算真正平撫了內心的傷痛。這樣的胸襟，感動了全世界，在一九九三年，曼德拉獲頒諾貝爾和平獎也是當之無愧。

寬容是為了自己

很多人以為持續憎恨傷害過你的人，看著他們得到報應，自己就會好過。其實，無論你採取了多激烈的報復手段，傷害的記憶都不會消失，再度想起，你依然會難過。因為你始終在心中留了一個位置給傷害你的人，拿記憶中的殘像不斷提醒自己曾受的傷痛，最後受到重創的人，還是你自己。

在這裡我也和大家分享一些能培養包容心的經驗法則：

1. 原諒他人，放過自己

人們常說：「原諒他人，就等於放過自己。」如果一味地將自己的情緒與他人的言行舉止做連結，每天為了別人的反應抑鬱不已，只會造成身心疲憊。

面臨無法淡然處之的磨難時，與其為此怒火中燒，不如告訴自己，如果連這樣的過錯我們都能原諒，那生活中還有什麼困難是不能跨越的呢？當我們試著去原諒他人時，內心反而能平靜下來，原本的怒火會逐漸消退，因而得到如釋重負的輕鬆。

當然，原諒一個人需要時間，不是一朝一夕就能做到的事。越大的打擊，就越需要時間去撫平，甚至可能變成內心的長期抗戰，所以要有耐心，無須急躁不安。

假如你還是為了某個人過去的作為而生氣，也不需要沮喪，將眼光放長遠一點。給自己一點時間，快的話幾週、慢的話幾年，無論如何，未來的某一天，你會痊癒的。必

須謹記於心的是，這一切都需要時間。要先有釋懷的過程，才能迎接寬恕帶來的坦然。

原諒別人更多時候是為了自己。如果頻頻回想他人的過錯，每想一次就氣一次，就意味著別人徹底地打敗了你，所以才會將自己的情緒交由回憶中的他掌控。

為此，你將浪費了許多實現夢想的寶貴精力，最終的損失還是得由自己承擔。反之，假如你在某個時間點原諒了對方，就等於徹底地將他從心上抹去，不再為了同樣的人事物氣惱，破壞自己的生命品質，這才是真正地跨越了傷痛。

2. 心胸寬大，才懂得包容

「要能控制情緒、寬恕別人。」我們都明白這些道理，但是，在被惹惱的當下，還是無法凍結火氣，總會忍不住跨過理智的界線，待大發脾氣後才感到後悔。

知與行之間的距離，就在於胸襟。一個表面上寬容的人，就算一時之間能微笑以對，也會在不經意中洩漏他的不滿；唯有心胸寬廣的人，才能一笑置之，不將視野停留在他人的過錯上。這樣的人，在面臨旁人的失誤時，不會只顧及宣洩情緒，而能就事論事，冷靜地排除困難。觀察這兩種人的差異之後，我們可以得出一個結論：真的要學會包容，就得從擴展胸懷開始做起。

我有個前男友曾在分手之後，向他人散佈不實的毀謗。身邊的朋友替我感到憤憤不平，因為那些並非事實，但是那些不認識我的人只能從那些話的內容來建構我的形象，所以，我變成了一個不負責任、愛使喚他、又會亂發脾氣的人。

當我聽到傳言的內容，也生起不解的怒火，但是，我決定暫時忽略那些情緒，專注於當天該處理的正事。

第二天去上班時，腦中突然浮現不同於以往的念頭：「他毀謗我又如何呢？話講的再不堪，對我這個人的本質一點影響也沒有啊！我既不會因這些批評改變、也不可能為此而變差，這樣的話，又有什麼好在意的？」這麼一想，胸中的悶氣一掃而空，那些言論突然就變得微不足道了。

心念才是能讓人坦然接受逆境與包容旁人的關鍵，但是，轉變思維是一個長期的歷程，在敞開心胸之前，若是遇到讓你心緒難平的事，可以先試著轉移焦點。

如果在上課或上班，不妨先專心於正事，當你將心思都投注在忙碌的工作中，自然能減少被憤怒影響的時間；假如是在假日，也可以做一些能暫時舒緩情緒的活動，一段時間過去，怒火自然會消退，轉念也就容易許多。

我們不需要立一個「心胸開闊」的牌子供自己瞻仰，因為胸襟不是口號，更不是勉強的行為，而是思維的體認。所以，不用強迫自己不生氣，面對同一件事，這次比上次更快釋懷，就已經踏出了一小步，只要如此持續下去，就能養成寬大的性格。累積方成大事，想真正原諒他人、放過自己，就得從心著手。

3.就事論事，避免二度傷害

我曾在《實驗社會心理學雜誌》中看到一段話：「當我們選擇原諒冒犯者時，對方不僅會感激你，也會心生慚愧，便會設法避免重蹈覆轍。」

人與人之間的爭執，常出於意見不合與有人踩到對方的底線。觀念的摩擦尚可以理解，但如果自己誤傷對方為何還能爭吵不休？為何不道歉了事，而要選擇僵持不下呢？

多數時候，問題並非出在客觀事實上，而是態度。受到傷害的人指責對方，得到的卻是強硬的否認或推託，於是雙方的火氣越來越大，反而忽略問題的本質，這是典型的「意氣之爭」。一方爭的是道歉與安慰、另一邊則認為自己受辱，反而更不願意低頭認錯，吵到最後，只是任由火氣蔓延，結下惡緣不說，下一次兩人再碰面，恐怕更難共處。

仔細想想，當別人的言行舉止刺傷到我們時，最該重視的是發洩情緒嗎？難道情緒得到一時的發洩，彼此的問題就解決了嗎？

其實，指責的目的說穿了也只是希望他人能了解自己所受的傷，期望對方改善。不然的話，任誰也不想撕破臉，爭得面紅耳赤還得不到善意的回應。

人都有自尊心，如果你怒目相向地斥責對方哪裡出錯，原本抱持著歉意的人，很可能因而感到氣憤，這個時候，他只看見你的咄咄逼人，更不可能冷靜地反省自身。

這就好像有球朝臉部丟過來，我們會本能性地把球拍開一樣。指責的言語就像丟向他人的球，苛求的力道越強，對方反而會越用力地回擊以自保；相反地，假如我們能包容其他人，對方反而會因為你的寬大而自省。看似退讓的包容其實隱含著潛移默化的感染力。用最柔軟的姿態感化他人，這才是最強力的解決手法。

當然，每個人都有自己的原則，當其他人超過我能容忍的界限時，當然我們也有不原諒他人的權利。但是，如果一定要耿耿於懷，時刻想著別人的過錯，為之苦惱。還不如讓他知道你的感受，也不必一個人悶著情緒，可以找時間與對方溝通。

當我感到惱怒的時候，通常會選擇寫信或傳簡訊的方式。但我不會立刻傳給對方，而會先將內容存起來，隔天再看一次內容，這個時候，就能挑出字裡行間過於情緒化的字眼，修掉那些可能會造成爭吵的文字之後，才會寄給對方。與人溝通的時候，盡量針

消消氣Tips

◆ 寬恕是卸下心靈負荷的最佳手法，當我們放下憤怒與怨懟等激烈的情緒後，剩下的就是能讓我們平靜面對人生的價值觀了。

◆ 包容的影響力，遠比怒斥別人有效。下一次，期望對方改善，減低自己發怒的次數，不妨就從寬容他人開始做起吧！

對客觀的事實敘述，而不要強調自己的怒氣，否則當對方感覺被冒犯，內心的歉意就可能被挑起的怒火掩蓋，態度因而變得強硬，反而失去了談話的意義。

有些人執意不寬恕他人，很多時候是希望當事者能承認過錯並加以改正。但是搞不好對方根本渾然不覺，照樣我行我素。更有甚者，還會認定你小心眼，生你的氣，進而做出讓你更為鬱悶的事情。這樣豈不是雪上加霜？反之，如果我們能夠寬容，坦承自己受傷的感覺，對方也會因你的體諒在先，而退一步思考自己的作為，這不正是我們期望的結果嗎？

哲學家說：「寬容是一個人修養和善意的結晶。」寬恕別人就等於解放自己，少了容人的雅量，你將生活在仇恨的痛苦中，而對方也因為你的嚴苛而同樣感到苦惱，甚至可能會心生怨懟。一時的不饒人，造成兩個人的痛苦，是多麼得不償失的事情啊！只要試著拓寬自己的心胸，就能從怒火中解脫。

勿讓仇恨鋪滿路，既往不咎貴人來

仇恨就像債務，你恨別人時，就等於欠下了一筆債。心裡的仇恨越多，就不會再有快樂的一天。

——武俠小說家　古龍

有位學者說得好：「仇恨是重負，不能原諒別人，其實就是在跟自己過不去，讓自己受罪！仇恨越多，也就活得越苦。一個沒有仇恨之心的人，才能活得快樂！」

想想生活週遭所面臨的事，我們是否會因為旁人的阻礙而大發脾氣，將他視為敵人呢？其實，當我們心裡敵視其他人時，對方也感覺得出來，於是，雙方就在無形中陷入針鋒相對的情境中。一個有度量的人，不會斤斤計較，所以，他不會輕易地樹立敵人，就算遇到對自己有敵意的人，他也不會讓自己陷入對立的爭鬥中，而能在堅持底線的同時，做出適度的讓步，減低彼此的摩擦與衝突，而在這個過程中，對方的立場通常也會因而軟化，願意做出妥協。

寬厚能化敵為友

胡雪巖是晚清時期富可敵國的商人。其過人之處，就在於他深諳「勿讓仇恨鋪滿路，既往不咎任賢才」的道理，所以即使屬下犯下了重大的過失，他也能夠寬厚待人，給人改過的機會。

當時胡雪巖與龐二合夥做絲業收購的買賣，他們想聯手逼壓洋人，抬高絲價。沒想到在交貨的關鍵時刻，被朱福年暗地阻撓。

朱福年是龐二的手下，一直想利用龐二在商場上的勢力，成為江浙絲幫的首腦。他做事十分不厚道，不僅阻礙了胡雪巖與龐二的計畫，還拿走龐二一部分的財產，龐二自然容不了朱福年。

當龐二想要將朱福年掃地出門時，但胡雪巖卻阻止了龐二。他對龐二說：「一發現手下的人不和己意，就請他走人，這是笨蛋的做法。最好是不下手則已，一出手就讓他心服口服，死心塌地跟著你，才算真本領。」

於是，胡雪巖說服龐二讓他來處理這件事，雖然感到有些為難，但龐二還是接受了胡雪巖的提議。

著手處理的胡雪巖，首先循線找出了朱福年的戶頭，查清他帳戶上的漏洞。掌握了一切證據後，他卻不與朱福年當面對質，只是在言談間輕描淡寫地提起帳上的疏漏，朱福年聽出胡雪巖的暗示，感到心驚不已，也了解胡雪巖若將一切細節攤開，自己必定難逃被掃地出門的命運。

接下來，胡雪巖向朱福年開誠佈公地說：「福年兄，我做生意的宗旨是有飯大家吃，不但吃得飽，還要吃得好。所以，我一定會留些情面。不過，做生意跟打仗一樣，需要大家同心協力，才會成功。我不會計較已經過去的事情，但以後會如何，就得看你自己。只要你盡心盡力，我絕不會抹殺你的功勞。龐二那裡我會幫你說話。假如你看得起我，願意與我共同奮鬥，我也很歡迎。」

朱福年聽了感動不已，對胡雪巖說：「胡先生，你的話對我來說真是金玉良言，我朱某人倘若再不忠心行事，就太不像話了。」為了回報胡雪巖對自己的寬宏大量，朱福年從此改頭換面，不再萌生自立門戶之意。更憑藉自己的人脈，幫他們拉進更多的生意，三人更聯手逼壓洋人，抬高絲價，賺進大筆銀兩。

胡雪巖沒有採用龐二的做法，把事情做絕，而是既往不咎，用寬容化解了與朱福年的疙瘩，最終贏得朱福年的尊敬，進而改過自新，這正是藉由寬容改變他人的例子。

觀察一下生活週遭，你就會發現，喜歡斤斤計較的人，朋友圈往往很狹隘，這是因為他很容易因為一點小事而惱怒，因此，旁人會與他保持距離，畢竟沒有人喜歡被怒氣波及；另一方面，如果這個人在面對問題的時候，不會過度情緒化，通常會比較受歡迎，因為他帶給人的心理壓迫不像前者那麼強，如果再加上包容力，就像胡雪巖一樣，廣納賢才，就能為自己創造出貴人運！

種下包容的種子，收獲歡樂與良善

國學啟蒙讀物《三字經》裡的第一句就是「人之初，性本善」，說明我們每個人都有寬容的本性，只是平時被利己之心矇蔽而已。人們往往會為自己著想，在利益有所衝突時，以自利為優先選擇，甚至會為了維護自己的權益，而不惜與人交惡，關係因而破裂。

古希臘的哲人說過：「人如果選擇計較，那麼他將在黑暗中度過餘生；如果願意寬容，就能將陽光灑向大地。」寬容別人看似是利他，其實在更多層面上，是善待了自己，還自己一份寧靜。生活不可能處處和諧，但也沒有不可化解的矛盾，善用寬容去轉化人際關係的僵局，藉此讓互動更為和睦。

面對他人的過失，如果我們能夠不計前嫌，並且仍舊與其交往，往往會因而得到意

消消氣Tips

◆ 最讓我們頭疼的敵人，往往是最應該敬佩的對手。彼此實力相當，才會周旋於較勁與比試。與其為了他的所作所為氣憤不堪，不如以對事不對人的態度與他交往，說不定能結交到一位無可替代的摯友。

◆ 面對衝突時，不如做個深呼吸，冷卻一下頭腦，任由自己宣洩怒氣只會造成惡性循環，只有溝通與寬恕，才能影響他人的行事作風。

想不到的收穫。胡雪巖化敵為友的例子，就是寬容所促成的結果。放下仇恨不是膽小無能，而是一種難能可貴的修養，更能提升生命的容許度。

而且每個人的性格、觀念都不同，因此，有些人可能會看我們不順眼，甚至做出傷害我們的行為。這個時候，與其讓自己陷入氣憤的情緒中，不如試著跳脫心靈的束縛，讓時間淡化一切。如此，我們才能保持愉悅的心情，不因他人的一舉一動而牽動我們的內心。

唸研究所的時候，班上有一位喜歡作風比較強勢他人的同學，我總是能隱約地感覺到她對我的敵意，每次與學弟妹聚餐，她都會有意無意地糗我。因為我們選的課不太一樣，所以我實在不清楚自己是在什麼時候得罪她。

直到一個朋友和我說，因為我們是唸同一所大學，教授都喜歡把事情交代給我，所以她才心生不滿。雖然我聽到時有些錯愕，但還是盡量與她保持和善的關係。

當同組寫報告的時候，我盡量客觀地針對內容討論；當她發表意見時，除非是無法妥協的原則，否則就讓她主導。兩年下來，她也漸漸地改變，不再像一開始那樣敵視我了。

世界是流動的，你給予什麼，它就會回饋你什麼。人際關係更是如此，我們熱愛他人，就能獲得友誼；幫助別人，別人也會在你陷入困境時伸出援手；放下對他人的不滿，就能在無形中改善彼此的關係，那麼我們的生活就會變得更加和諧美好。所以，別再怨怪自己的生命中都是小人，能否替自己迎來貴人運的關鍵，其實就取決於你的心胸。

不怒不爭非懦弱，而是心態更成熟

盡心盡力第一，不爭你我多少。

——聖嚴法師

每個人都有著不同的立場與利益，因此，在互動的過程中，如果無法順利處理意見的分歧，就可能爆發更嚴重的糾紛。許多的社會新聞，就是因為雙方任由怒火蔓延，在一時的衝動驅使之下，才造成難以彌補的遺憾。

其實，如果能夠體認到人與人之間的差異性，接受其他人不同的思考模式，並能暫時緩下內心的不滿，就能減少衝突和傷害。

避開表面的爭端，直擊問題核心

很多人覺得不怒不爭是吃虧或懦弱的表現，因此一旦與人意見相左，或是觸及到自己的利益時，就會基於不吃虧的原則力爭到底，就算與人撕破臉也要保全自己的那一份。但是，人與人之間的摩擦往往因此而升級，造成更大的爭執，甚而擴及身邊的友人，或是根本不相干的人。原本只是你們之間的戰爭，卻引發更多的問題，如果雙方都能為對方多想一點，事情就不會演變到難以收拾的局面。

大多數的情況下，兩個人若起了爭執，雙方都有責任。如果有任何一方明白爭吵的利弊得失，願意溝通協調，就能避免許多無謂的紛爭。

蘇軾曾說：「匹夫見辱，拔劍而起，挺身而鬥，此不足為勇也。天下有大勇者，卒然臨之而不驚，無故加之而不怒。」真正理智的人，就算遇到不公平的待遇，也會冷靜地面對，而不會讓憤怒影響自己對情勢的判斷。

年輕氣盛的時候，總想與人爭個優劣高低，一感覺被貶低，就會憤憤不平，與人爭論。但隨著年齡增長，閱歷增加，就能明白「不怒不爭並非懦弱的表現，而是一種做人的境界」。

很多人每天汲汲營營，就為了名和利奔波。被人佔了便宜，就要力爭對錯，說得口乾舌燥也要佔上風。其實，在面臨不順時，我們可以用另外一種思維去面對。同學說了我的壞話，就慶幸自己能在這個時候看清他的為人；別人都把事情丟給我，就趁機學習。省下爭執的時間，積極地做準備，不是比爭得頭破血流要好多了嗎？

有些人之所以會被惱怒主導情緒，是因為生活中充斥著許多「假想敵」。為了往上晉升而視同事為競爭對象、為了更大的市場占有率而和同行切斷情誼、為了財產而與兄弟姐妹撕破臉、甚至於為了搶車道而與陌生人交惡……爭強好鬥的結果，究竟留下了什麼呢？冷淡的同事關係、不是你死，就是我亡的商場價值、徹底顛覆血濃於水這句話的中傷之語、刊登在社會新聞上的遺憾故事，習慣與人對立之後，不是必須孤單一人，就是失去無法重來的生命價值，這就是我們嚮往的人生嗎？

有的人會認為：「是別人要和我爭鋒相對，我怎麼能認輸呢？如果因此被認為我好欺負怎麼辦？」這句話看似有理，實際上是似是而非的言論。

人會爭執，是因為內心產生對立，既然如此，如果能先排除這種心理上的敵對立場，就能化解一部分的僵局。面對他人的情緒化言論時，我通常會在腦中整理出一連串的關鍵字，專注於能改善的爭論點，並且會謙和地確認他生氣的原因。當我刻意地點出他情緒的癥結點時，也許是因為能將不滿完整地表達出來，對方的怒火往往會因此而逐漸消退。

不爭並非唯唯諾諾，也不是步步後退，相反的，這種作法往往能創造雙贏和多贏的局面。因此，與其處處只想自己，倒不如著眼於團體，如此不僅能在無形中消弭衝突，還能從中得到屬於自己的那一份利益與成就，就像有人說過：「把快樂的香水噴灑在別人身上時，總有幾滴會濺到自己。」當我們試著替他人著想時，反而更能產生正面的效益。

不如拿爭論的精力，進行良性競爭

「爭得輸贏，很重要嗎？」大部分的人可能無法立即回答。說重要，好像太爭強好鬥；說不重要，又不符合社會現狀。我是覺得我們沒有必要與人相爭，但是可以時時與自己競爭。

大學的時候，我認識一位很優秀的學姐，才思敏捷、條理清晰、手腳俐落，可以說是集我所不具備的優點於一身，所以我很敬佩她，直到有一陣子，在因緣際會之下，與她同住幾個月，我對她的印象，才開始幻滅。

每天回到宿舍，學姐都板著一張臉，我一開始不明所以，直到與她深交之後，才明瞭箇中緣由。因為她是有話直說的人，這沒什麼不好，但要是對方與自己立場不同，她便會與人爭論，加上她的態度強勢，難免給人咄咄逼人的印象。所以，爭執幾乎變成她生活中的一部分，難怪每天都看起來不太開心，要是我每天出門都得與人辯論，怎麼高興得起來？

消消氣Tips

◆ 與人辯得面紅耳赤、滿腔怒火，縱然能爭得眼前之利，卻因而失去了往後的人際關係，反而更不值得。

◆ 大多數的情況下，陷入爭執的雙方都要負責任。如果有一方能不被憤怒影響，以就事論事的態度主動與對方溝通、妥協，或許就能避免無謂的紛爭。

看見學姐悶悶不樂的樣子，有天我終於鼓起勇氣勸她，對凡事看淡些，試著不要事事與人爭。很多事情並不只有一條路可走，有效率的作法，未必就是他人的最佳選擇，去體諒對方的立場，交換意見，會比強迫他人全盤接受要來得好。

但是，學姐反而認為我鄉愿，覺得什麼都不爭就會吃虧，我微笑著沉默不語。因為人生就是不斷抉擇的累積，我本著善意提供另一種思維，但要怎麼做，還是取決於她。

學姐堅持不肯退讓，那麼就必須擔負著怒氣過日子。看著那樣的學姐，我還是希望自己能引以為戒，快樂地度過每一天。所以，我願意妥協，凡事不爭輸贏讓我平靜且愉悅，這就是能讓我微笑的能量。

雖然不需要事事與人爭，但對自己倒是不能太寬鬆。每天試圖進步一些，藉著一步步的爬升，最終就能脫穎而出。拿我自己求學的過程來說，每一次拿到好成績，都是我著眼於自己的不足，時刻求進步的結果；如果心中有個假想敵，與之競爭相較，反而會表現得不好。

跟自己較勁能驅使我向上，想要將別人比下去的時候反而無法稱心。越是爭強，所背負的壓力就越是會阻礙發揮，求得表現的最佳方式，反而是不與人相爭呢！

寬容非縱容，贏得人心和尊重

只有勇敢的人才懂得寬容；懦夫絕不會寬容，因為這不是他的本性。

——美籍小提琴大師　斯特恩

在社會這個大家庭中，如果沒有「寬大為懷」的修養，就很容易走入死巷，因負面情緒而阻礙生活與事業的進展。當然，寬容不等於縱容，應掌握適度的原則，展現自己的寬容之心。

寬容自得人心

西元一九七年，曹操南征，盤踞在宛城的張繡向曹操投降。曹操未經戰鬥就取得了勝利，為他的南下打開了第一扇門。

面對輕易取得的第一勝，曹操不免有點飄飄然，竟用不當的手法逼迫張繡屈服。他首先拉攏張繡的貼身部將胡車兒，讓他倍感威脅；甚至強納張繡的嬸嬸為妾，讓張繡蒙受莫大的屈辱。於是，張繡在忍無可忍之際，採用謀士賈詡之計，在曹操猝不及防的情況下將他打得落花流水。致使曹操最喜愛的長子曹昂、猛將典韋、侄子曹安民，均在戰鬥中身亡，曹操自己也中了箭傷。

西元一九九年，官渡之戰前夕，張繡在當時袁強曹弱的情勢下，再度採用賈詡的意見，率眾投奔曹操麾下。往日的仇家張繡一到，曹操竟為他設宴洗塵，並立即任命張繡為揚武將軍與封列侯。

為了進一步表示自己的誠意，曹操還命其子曹均迎娶張繡的女兒為妻，兩人成了親家，不再提起過去的恩怨。

被譽為「建安七子」之一的陳琳，原是袁紹的部屬，曾寫過《討曹操文告》，極盡醜化曹操之能事。袁紹失敗後，陳琳被俘，曹操不念舊惡，仍對他委以重任。

這兩件事都展示了曹操不計前嫌、寬厚的氣度。得人心者得天下，曹操之所以成就輝煌的霸業，與他的寬大為懷不無關係。

因為寬容是一種胸襟，它比武力更能服眾，曹操的做法充分證明了這一點。當其他人因為睚眥必報、得理不饒人的性格而被氣惱纏身，不得清閒的時候，假如我們能以相對包容的心去接納旁人的過失，就不會將情緒繫於他人，而能以更坦然的心面對生活中的不如意。

贏得人心的修養

即使面對同一件事，每個人的反應也相去甚遠，可見得接受或討厭都是我們可以決定的，如果在內心貼上惡意的標籤，自然會生起怒火，若是不以為意，淡然處之，就不會因此陷入怒氣的漩渦中。

一九五〇年代，許多商人想藉著書法名家于右任的名聲吸引客人，所以紛紛在店家門口掛起署名于右任題寫的招牌。其中實為于右任所題的極少，贗品居多，每個人都心知肚明。

這一天，于右任正在家裡練習書法。一位學生匆匆來訪，對于右任說：「老師，我中午去吃飯，想不到那家餐館居然掛起了以您名義題寫的招牌。明目張膽地欺世盜名，真是太不知恥了！」

于右任只是「哦」了一聲，放下毛筆，不慍不惱地問：「招牌上的字寫得好不好？」

那位學生大聲嚷嚷道：「好什麼好啊！字寫得歪歪斜斜，慘不忍睹，也不知道他們請誰代寫，這樣的字竟然還敢題上老師的名字！」

于右任沉思道：「你說的對，這麼醜的字也敢掛在門口供人觀摩！那家餐館叫什麼名字？最出名的菜是什麼？」

「店名叫羊肉泡饃館。羊肉泡饃做得特別美味，但主要賣的是麵食。店面雖小，卻整理得很乾淨。」學生繼續說：「老師，您先別急，我現在就請老闆把招牌拿下來。」

「等一下。」于右任叫住正準備離開的學生：「你先別急著走，我有東西交代你。」

說完，于右任拿出一張宣張放在桌上，提起毛筆揮毫，然後將作品交給學生，對他說：「幫我把這幅字交給老闆。」

學生接過宣紙一看，上面揚揚灑灑地寫著「羊肉泡饃館」幾個大字。落款處則是「于右任題」幾個小字，並蓋有于右任的私印。

學生露出不解的神情，他人盜用老師的名聲，老師沒生氣就算了，還要給老闆一張真跡？

于右任看出學生的猶豫，笑著解釋：「你剛才不是說，那字寫得不好嗎？冒名頂替固然可恨，但也表示人家看得起我。只是，如果讓不識真假的人看到，會以為我于某人的字就是那樣慘不忍睹呢！我總不能砸了自己的招牌吧！所以，還得麻煩你跑一趟，把原本的招牌拿下來，換上這幅字。」

消消氣Tips

◆ 越是因為他人而暴跳如雷，就越無法贏得對方的尊重，反而因此變得更加憤恨不平，陷入苛責旁人的負面情緒中。其實，如果這個時候我們能試著體諒對方的立場，或許就不用將自己推入怒火的深淵了。

◆ 想要在團體中出類拔萃，或者有所成就，就要學會彼此包容、配合，眾望所歸的人才能成功。

「明白了，我現在就去。」就這樣，那家羊肉泡饃館用假的招牌換來了于右任的真跡墨寶，那位老闆也因為感到羞愧，事後親自跑來向于右任致歉。

于右任並未因書法上的成就而惜墨如金，相反地，他願意在能力所及的範圍內給人方便，這完全都是因為他的修養好，才能如此寬大為懷。

以現代的部落格為例，我們一開始在上面PO文，也是為了抒發感想，但往往在人氣漸增的同時，便會注意那些轉貼我們文章的人，甚至為此勃然大怒，發起一場網路論戰。

其實，寫部落格的目的，不就是在與人分享嗎？如果想獨享成果，那大可不必發文，沒有了文章內容，他人自然也就無法轉貼。但是，許多人在這個時候，都會忘記自己分享的初衷，反而開始攻擊轉貼他文章的人，在我看來，這實在有些本末倒置了。

我自己也曾經因為成果被轉貼而苦惱，但我告訴自己：「當初寫文章的原因就是分享，有人願意廣為轉貼，不就有更多人讀到嗎？」念頭一轉，別人的所做所為就不再是痛苦，解開心結的當下，內心也因而變得自在、舒坦。

遇到讓人氣惱的阻礙時，要記得一件事：憤怒不會讓我們受惠，在關鍵的時候發怒，就像火上加油，只會越燒越旺，傷了別人，氣壞自己，對事情更是毫無幫助；與此相較，寬恕往往能化解人際的爭鋒相對，甚至在潛移默化中，讓他人主動修正自己的錯誤。

生活中有很多人，在別人得罪自己之後，不肯原諒對方。這樣做其實很不明智。人生在世幾十年，難免會遇到一些不順心的事。如果一味地懷恨在心、滿腹怨恨。只會讓自己陷入怒火中而無法動彈。反過來說，如果我們能理解生氣只是拿其他人的錯誤懲罰自己，學會寬恕別人，就不用為了各式各樣的阻礙發怒，而能真正地拿回自己生命的主導權，不再需要隨著別人的反應而起伏擺盪。

在盡力中順其自然，在不求中竭盡全力。

凡事盡量隨緣，別太在乎結果，

反而能收穫心靈的輕鬆和愉悅。

Part

5

順其自然輕得失，該放下時且放下

Say Goodbye To Your Anger

Don't let the bad moods turn you down. Take everything ea

你在加油站打工，這一天，剛被老闆斥責的你，內心感到非常鬱悶。這時，一輛轎車開進加油站，駕駛跟你說要加滿油後便跑去洗手間。站在轎車前的你，才突然想到，對方並沒有說要加哪一種油，這個時候，你會採取什麼行動呢？

A. 加錯油就糟了，趕緊追上駕駛，問他該用哪一種吧！
B. 敲敲車門，看裡面有沒有其他人可以問。
C. 反正車子有油就能跑，隨便加一種油就行了。
D. 現在客人也不多，還是等駕駛回來再問清楚。

性格解析

☑選擇A的人　記仇指數70%

選擇追上駕駛問清楚的你，很在意別人對你的態度。當其他人做出傷害你的行為時，你會在內心衡量對方是否是故意的。如果對方沒有惡意，你就不會介意；但若是遇到充滿惡意的不平等待遇，你可是會謹記於心，絕不放過對方。你就是奉行「君子報仇，十年不晚」之道的狠腳色。

☑選擇B的人　記仇指數90%

會敲車門看看車內有沒有其他人的你，心思很縝密。受到不公平的待遇時，你會鉅細靡遺地記住細節。加上你的頭腦靈活，所以會等待最佳時機，不著痕跡地報復，火力之強往往讓對方措手不及，讓他後悔自己曾經欺負你。

☑選擇C的人　記仇指數40%

選擇隨便加一種油的你，脾氣來得快也去得快，生氣也不會記得太久。要注意的是，因為你控制不了情緒，有時會在發了脾氣之後，才意識到自己錯怪了別人。建議在情緒即將爆發之際，先離開現場，免得老是得在事後道歉。

☑選擇D的人　記仇指數20%

選擇在原地等待的你，是個標準的好好先生或小姐。遇到不公平的際遇，也只會獨自吞下委屈。這樣的你，在找好友抒發情緒時，甚至會替對方緩頰，讓人感到心疼。建議你，在難過的時候，還是要適度地抒壓，別總是一個人憋著喔！

得意之時坦然，失意之時淡然

只要你不計較得失，人生還有什麼不能克服？

——美國小說家　海明威

當我們看到自己無法贊同的行事作風時，往往會在內心評論對方作法的缺失。但是，這些終歸只是主觀的批評，如果太過倚賴自己的判斷，有時反而會因內心的偏見而與他人產生爭執。

其實，在團體當中，每個人的立場都不同，就算是面對同一件事，大家的反應與提供的建議都會不一樣。當彼此因而產生摩擦時，最好的方式不是強迫他人接受自己的想法，而是要先理解對方生氣的原因，才能進一步找出解決的方法。

去年，因為朋友的推薦，我去協助一家公司舉辦他們的五十周年紀念會，在籌辦活動的過程中，常常遇到各種人事上的問題。例如：有一次，活動組與企劃組為了責任歸屬的問題僵持不下，雙方都怒氣沖沖地跑來向我抱怨。待我和雙方的組長深談後，發覺摩擦之所以越演越烈，是因為每個人都太在意做多做少的問題了。

大家都在想「我這樣拼命有什麼好處？」、「為什麼我一定要退讓？」類似的「自我」情結蓋住理智，一旦看到另外一組的人在休息，就認定對方偷懶，感到憤怒之餘，就開始推諉責任，所以才陷入無法溝通的僵局中。

為了讓他們冷靜下來，我決定暫時不讓兩組人直接對談，以避免雙方的關係更加惡化。除此之外，再委婉地傳達他們各自在意的事情，溝通時也盡量替另一方著想。因為避開了情緒化的言辭，也沒有讓雙方的怒火持續交鋒，所以當他們理解彼此的立場之後，憤怒之情也就逐漸淡化，最後雙方言歸於好，公司的週年紀念活動也辦得有聲有色，更重要的是，經過這次經驗，同事間更了解彼此在意的關鍵，聽說之後的慶功宴，活動組和企劃組的組長還相互致歉，多喝了幾杯酒當作陪罪。

爭長較短的心並不能帶來利益，只會加重自己的心靈負擔。因為過於介意他人的言行，所以被其牽動內心，變得胡思亂想、暴躁易怒。不過，因計較而生的怒火，其實也能藉由轉念來消弭。

比方說，在自己的工作量明顯比其他人多的時候，你可以對自己說：「又可以學到更多，真是太棒了！」雖然短時間可能無法平撫你的怒氣，但是，卻能幫助你遠離負面情緒的核心，就算情緒依然低落，也能因此以相對冷靜的心態處理問題。

每一個生活經驗，都蘊藏著一種美好

凡事都愛比較的人，一旦認為自己擁有的比不上他人，就會陷入懷才不遇的低潮中，甚至因而點燃不滿的怒火。我們不妨試著將每一段人生經歷都看作獨一無二的經驗，不要以優勝劣敗的二分法來評斷自己，就不會為了得與失而心生不滿，也不至於在得不到時感到憤怒。

有一對貧窮的老夫妻，他們想把家中唯一值錢的驢子帶到市場上，去換點可以糊口的物品。夫妻倆達成共識後，老先生便牽著驢去市集。他先與人換得一匹馬、又用馬換了一頭羊、再用羊換來一隻肥鵝、之後又換成鴨子、最後用鴨子換到了一袋爛蘋果。

當老先生到一家小店休息時，遇上兩個年輕的旅人。彼此就輕鬆地聊起天，老先生也說明自己到這裡的來由。年輕人在聽到老先生竟以一隻驢子換來一整袋的爛蘋果後，大笑不止，說他回去肯定會挨罵。但是，老先生卻堅稱自己的太太絕對不會生氣。

其中一個年輕人拿出一袋金幣，對老先生說：「如果她真的不生氣，那這袋金幣就給你；但是如果她因此而惱怒，你就要請我們吃一頓大餐。」老先生毫不猶豫地點頭答應，於是，三個人就一起回到老先生的家中。

老婆婆見到先生回來，非常高興，看到另外兩位年輕人，也熱情地拿出茶點招待他們，一陣寒暄之後，老先生開始向太太講述自己在市集上的收穫。

這位婆婆每聽到老先生換到一樣新東西，她都非常雀躍，嘴裡不時說著：「哦，我們有牛奶了！」、「羊奶也同樣好喝。」、「鵝毛多漂亮！」、「我們有雞蛋吃了！」最後聽到老先生換回一袋快壞掉的蘋果時，她同樣不慍不惱，開心地說：「這樣我今晚就可以做蘋果派了，真是感謝老天爺！」

兩位年輕人面面相覷，沒想到老婆婆竟然會有這樣的反應，其中一人握住老先生的手，讚嘆兩人的胸襟與樂觀，同時奉上自己承諾的一袋金幣。

有時，我們之所以會感到氣憤難安，是以為自己損失重大，其實，我們可以學學老先生與老婆婆的豁達，不要急著判斷眼前的得失，或許等到一段時間過去之後，你會發現當初所失去的，在不知不覺中已經變成通往成功的墊腳石。

看淡得失，遠離情緒火山

「命中有時終須有，命裡無時莫強求。」當我們太執著於得與失的二分法，就會為其鬱悶、氣憤，破壞自己心境的平和。你可以仔細觀察一下，當內心颳起狂風暴雨的同時，情況就會如你所願了嗎？該是你的，就算你不刻意要求，也終會得到；不屬於你的，即使藉由強取的手段獲得，也不可能保有太久。所以，為了所得之利益而開心，或者在無法保有時怒目以對都毫無意義。

既然過度在意只會造成自己的情緒起伏不定，那麼就該學會看淡際遇。順利的時候可以快樂，但是別因此強求每一天都如此；失敗的時候，也不用因此而沮喪或氣惱，寫出你所犯下的錯誤，將它看作成長的養分，鼓勵自己「明天會更好」，就會心生希望的力量。那麼對於一時的得失，我們該如何思考，才能走出情緒的牛角尖呢？

1. 凡事順其自然，遇事處之泰然

順其自然不等於消極地接納，而是一種看淡福禍、不強求的人生觀，避免陷入自己對夢想「過度美化」的想像中。當遇到意料之外的阻礙時，有的人會苛責過去的自己，認為不該犯下這樣的失誤；有的人則會叱喝他人，彷彿所有的過錯都是因為對方的處理不當。這兩種都不是健全的心理狀態，前者生悶氣，後者發怒氣，都讓自己淪為情緒的俘虜。

消消氣Tips

◆ 當彼此意見分歧時，別強迫他人接受自己的觀念，而要試著理解對方，才不會被內心的憤怒影響，延遲解決問題的時間。

◆ 時間能幫助我們判斷得失的真正價值，所以，當你覺得被佔便宜時，先別急著動怒，不妨深吸一口氣，當你的心已準備好，答案很快就會浮現。

當你絞盡腦汁也想不出該如何解決的時候，不如先做個深呼吸，條列出待處理的事項，著手能掌握的細節，但心裡不要有任何的預設立場，否則進展一跟預想的不同，就又會折磨自己。要記住，不論一時的福禍，都有所得，這就是人生的意義。

2.得意之時坦然，失意之時淡然

「得之坦然，失之淡然。」成功的時候要維持平常心，告訴自己，這沒有什麼好驕傲，不用拿出來炫耀；在人生路途上被絆倒時也要淡然自處，認清挫折是生活中最平常的歷練，不用為此氣憤難安，想想哪一個激勵人心的故事，不是在逆境中寫成的呢？

心中少一點計較，多一點淡然處之的豁

達，就不會為了眼前的不順遂而憤慨不平。人生是一道尚未調味的菜式，想要嘗到什麼味道，就要由自己加工，並試著用一顆平常心去看待它，這樣的話，無論菜色如何，你都可以平心靜氣地品嘗每一個在舌尖化開的美味。

禍福相依，破除好運的障眼法

金錢是生著羽翼的東西，有時它會自行飛去；有時則必須將它放出去，才能帶回來更多。

——英國哲學家　培根

如果有一本書，叫作《不吃虧的人生》，不知道是否會大受歡迎？人人都希望得利，認為吃虧就是蒙受損失的同義詞，所以，只要被佔了便宜，就會感到氣惱，這個時候，或許就會羨慕那些很少吃虧的聰明人。

因為，聰明的人通常反應靈敏、心思細膩，面對事情的時候，能在腦中計算出利弊得失，迅速決定哪一個選擇對自己最有利，而不會傻傻地被佔便宜。但是，如果在生活中凡事都要以利益為考量，而過於斤斤計較，這樣的人生也不見得會快樂。

沒有人是永遠的贏家，生活中總會有必需退讓的時刻。

比方說，跟朋友出去玩，分攤花費的時候，我們不能老是推託，或者算計著如何少出一點錢，因為，其他人會感受到你的自私，或許能在錢財上佔便宜，但卻因此得罪了朋友，在人際關係上吃了大虧。同樣的情境之下，如果你能樂於分攤，甚至不計較多出一點，雖然在花費上吃了一點小虧，但卻能與其他人和諧共處，贏得好人緣。

斤斤計較才是損失

有些過度現實的人，會花很多心思衡量自己能得到的利益，因而與人結怨。當下可能為了佔到便宜而沾沾自喜，因此而忽略其他人的感受，直到某天，發覺在自己陷入困難時，竟然沒有人願意伸出援手，才懊悔不已。與其等到人緣盡失才遺憾，不如從現在開始，重新思考「吃虧」的涵義。當你了解檯面上的得失並不代表一切，就掌握了消氣的竅門，也能因此建立良好的人際互動。

不是總說「吃虧就是佔便宜」嗎？假如一個人在蒙受損失的時候，用怨懟的有色眼光去看待，那就會氣憤不已，甚至有可能大發脾氣讓怒火波及到週遭的人；但是，如果你能想通、看開，了解眼前的不愉快並非不幸，而是耕耘、成長的過程，那就能在面臨不合心意的情境時，壓下一時的怒氣，接受眼下的一切。

計較之所以很容易造成人際的衝突，是因為每個人都會感受的到你的用心。對方得寸進尺時，我們會感到不滿；感覺到他人體諒自己的處境，態度就會變得和善。舉例來說，在籌劃一個活動時，假如彼此都能做適度的退讓，就算當中有些不愉快，因為能體諒對方，所以還是能順利完成工作。但是，一旦有一方過度計較細節的分工，持續讓步的一方就可能因為情緒爆發而拒絕配合。不僅破壞了合作的氣氛，更可能導致計畫無法順利進行，既然如此，何不從一開始就多考慮對方的立場，以溝通協調取代算計利益的思維，讓活動能如期舉辦呢？

接受不可避免的虧

生活中，我們總是會與人互動，在家有家人、在校則是同學、在公司也有同事，人與人的相處，就是在拿捏進退之道，越是希望能擁有良善易處的社交生活，就越要懂得適時地讓步。

明智的人會用寬容看待那些不公平的際遇，不被憤怒淹沒了理智，並採取積極的作為，這樣才是創造生活品質的最佳保證。我們該用什麼心態面對吃虧的時刻呢？

1.福禍相依，做個能退讓的人

當大家處於僵局時，願意讓步的人往往能避免不必要的紛爭，不會將自己困在盈利與虧損這個狹隘的思維空間裡，看起來似乎蒙受損失，但因為他們不會因計較而生氣，所以能更掌握自己的情緒，不會讓外界的變化破壞自己原來的好心情。

相比之下，不懂得適度退讓的人，很容易在遇到同樣固執的人時大發脾氣，抱怨著：「他為什麼就不能退讓一下？」但是，人際的交往模式，本來就是在持續的互動中成形。在你生氣埋怨的時候，不妨想想自己是否也曾這樣待人？所以旁人在與你共事的時候才會這樣地堅持。假如自己跟惹惱你的對象有相似的反應，不妨就從眼下的這一刻開始改變、學習，讓他一次，長期下來，對方也會感受到你釋出的善意，在潛移默化中，改善彼此的關係。

「如果我懂得退讓，但對方的態度卻像頑石般強硬呢？」遇到這種情形，其實也無須懊惱或生氣。生活中充斥著許多無法預料的突發事件，我們不可能只遇到順合心意的好事，而毫無需要克服的困境。面對立場強硬的人，我們可以試著以「解決問題」的思考方式，來壓制住負面情緒，想辦法締造雙贏。

每個人都同時具備理性與感性的思考模式，當我們傾向理智那一面時，情緒自然就會相對沉寂下來。因此，當我們生氣的時候，不妨先強迫自己將注意力聚焦在「如何處理問題」上，在心中找出最佳良策，就能壓抑住部分的怒火。唯有在雙方不意氣用事的情況下，才有可能讓事情順利進行。

2.心有多大，財富就有多少

擁有多少其實並非首要，一個生活無虞的人，如果斤斤計較，就會活得很辛苦、不快樂，因為他一旦發現別人比自己多了一點，就會憤恨不平，在來回比較的過程中，賠掉自己內心的平靜與幸福感。相反的，一個少計較、能包容的人，就算是面對惹惱自己的人，也知道該如何善待自己，不會讓仇恨或怒氣持續折磨自己的內心，即便當下無法克制負面情緒的作用，也一定會在某個時間點放下自己的怒火。

有一個小學老師在偏遠的鄉村教書，她問班上的小朋友：「大家有沒有討厭的人啊？」小朋友想了想，有的未做聲，有的猛地點頭。

看了小朋友的反應之後，老師發給每人一個袋子，微笑地說：「我們來玩一個遊戲。現在大家回想一下，過去這一週，曾有哪些人得罪過你？想到後，就利用放學時間到河邊找一塊石頭，把他的名字用小紙條貼在石頭上。假如他實在很過分，你就找一塊大石頭。如果他只有稍稍惹毛你，就撿一塊小石頭。記得每天都要把戰利品裝到學校來給老師看哦！」

消消氣Tips

◆ 將代表他人錯誤的石頭放在心裡，就會導致心情一天比一天沉重。我們要做的，其實是拓寬自己的心，不因旁人的作為而發火，這樣才能重新掌握自己的生活步調，活得更加自在。

◆ 面對他人的刁難時，假如你不先入為主地認定自己吃了虧，就不會立即被怒氣主導。

學生們覺得這個遊戲非常有趣且新穎，於是，每個人都搶著到河邊找石頭。第二天一早，大家都把裝著石頭的袋子帶到學校，興高采烈地討論著。隨著時間過去，有人的袋子越裝越大，累贅不已。

終於，有人提出了抗議。

「老師，好累哦！」面對學生的抱怨，老師只是笑了笑，卻沒回應他們的話，看到毫無反應的老師，有人接著喊：「對啊！天天帶著這些石頭來上課，好重哦！」

這時，老師終於回應學生們的抱怨了，她笑著說：「那就放下這些代表著別人錯誤的石頭吧！」

看到孩子們不解的表情，老師解釋：「不要把別人的錯誤背負在心中。時間久了，任誰也受不了。」

假如我們將代表他人錯誤的石頭放在心裡，就會導致心情一天比一天沉重。就像那位老師說的，我們要做的，是拓寬自己的心、放下他人引起的情緒陰影，重新掌握自己的生活步調，這樣就能活得更加舒適、自在。不滿的根源並非來自於他人，生活要被快樂還是氣憤佔據，其實是我們自己的抉擇。

眼前的得失，不一定就是真實。當我們感覺被人佔便宜的時候，不用急著生氣，只要不是太嚴重的問題，不妨試著忍住不滿、退讓一步。有的時候，同樣的事情只要經過時間的洗禮，意義就會完全大不同。

別人的缺陷，就是自己的陰暗面

尊重他人，也尊重自己的生命，才是成熟的人生觀。

——美籍人本主義哲學家 佛洛姆

正所謂「人非聖賢，孰能無過。」每個人都會有過失，這個時候，先不要急著苛責他人，想想那些在自己犯錯時，不斷斥責你與寬容以對的人，回想一下當時的你，所需要的是什麼。用同理心思考，你就能找出寬待他人的理由。

接納缺點，它不會是全部

缺點並不可怕，但如果你將它無限放大的話，誰也不知道它會不會真的變成洪水猛獸。

當我們欣賞事物的美好時，也要接受它有缺陷的那一部分。正是因為有缺點，才更襯托出它的美感。缺點不是一無是處的怪物，而是為了讓生活更顯真實的調劑。

有的時候，我們會為了他人犯下的過錯而氣憤不已，指責他人的同時，可能會因此強調對方所犯的過失，而原本懷有歉意的人，也會在你不斷的斥責下，一改愧疚態度，為自己辯護，甚至還會列出你過去的缺失，以「你上次還不是這樣？」的話反駁。這可能會使你更加憤怒，兩人就此陷入毫無益處的唇槍舌戰中。

其實，手握其他人的錯誤時，不應該藉此苛責對方。你可以適度地點出對方哪裡做得不夠好，但要小心不能讓話題一直停留在他的問題上。因為，你可能只是在不經意間發洩不滿，但對方卻可能因此而火冒三丈，一旦內心被怒氣佔據，就不可能冷靜地與你討論，這樣對事情一點幫助都沒有。

除此之外，當雙方陷入爭吵時，你原本指責的對象還可能故意點出你曾經犯下的失誤，因而讓你感到不堪，這樣只會讓你受到傷害。因此，當我們看見他人的缺失時，要學會站在對方的立場思考，這樣的話，就不容易淪於怒火的奴隸，你可能還是會不滿，但至少不會因此而過度指責他人，而陷入互相攻訐的無解情境中。

一個有缺點的人，必然也會有優點。生氣的時候，不妨想想對方的長處，這會強化你的意念，幫助你釋懷。一旦我警覺到自己對誰心生不滿的時候，就會強迫自己想出幾點對方的好處，在認同的同時，怒氣也會漸漸消退。

優點和缺點都是人生的調味料，只有一種味道，會顯得單調，人都喜歡食物在味蕾中多層次美味，因此，不要以為只有優點才可貴，缺點就一無是處。有的時候，在你眼中的缺點，只要在不同的情境下發揮得宜，就會轉變為優勢了。

他人的缺陷就是自己的投影

心理學家肯恩．威爾伯在《認識陰影》（Meeting the Shadow）一書中曾寫道：「自我層面上的投影非常容易辨認。如果我們僅僅是『感覺』到某個人或某種事物的存在，那麼他通常不會帶有我們的投影。如果我們被『影響』，那麼其中就很有可能存有我們情感的投影。」

在指責他人之前，先想想自己，也許你和對方有同樣的性格缺陷，只是沒有細想，以為自己有立場大聲指責他人，因著這種「只看見別人」的思維，才讓怒氣主導，忘了去反省自身。

我有一位朋友為人大方、也很樂於助人，唯一的不足就是脾氣太火爆，會在不經意間將怒火發洩在週遭的人身上。這樣的她，也有另一位無法忍受的朋友。那個男生的脾氣很不好，而且一生氣就會遷怒於其他人。當你試圖去安撫他的時候，他就會不斷地強調你無法理解，持續地抱怨，完全聽不進旁人勸說的內容。所以我朋友感到很惱怒，認

消消氣Tips

◆ 當你看不慣其他人，因而萌生怒火時，不妨反思一下，也許我們也有同樣的性格缺失，只是因為習慣看向別人的不足，才忘記反省，讓憤怒主導了情緒。

◆ 學習他人的優點、改善自己的缺點，學會找出別人的好處，就不會因為挑剔對方而頻頻生氣。每個人都有值得誇讚的長處，懂得欣賞，便能更加自在地面對人際關係。

為這個男生應該要提高他的EQ，學習自我排解，而不是任由怒氣波及到其他人。我到現在依然覺得我的朋友之所以憤恨不平，其實是無法容忍與自己相似的人，也代表她不能接受自己。

從那次以後，只要遇到自己不順眼的人，我就會先反思自己是否有同樣的問題，因為我不想在批評中強化自我厭惡的念頭，所以寧願將他人看作一面鏡子。藉由別人來克服自己的缺點。這麼做不僅能減少針對他人而生的怒氣，還能在時時的反省當中改善缺失，變得更加喜愛自己。

有時候你自認是出自於善意去提醒他人，卻可能因此造成反效果。要減少這種秉持著善意卻造成衝突的情況，其實也不容易。除了要看對象能否接受以外，還要注意場所。當你發現別人哪裡有缺失，千萬不要在公眾的場合大聲苛責旁人，盡量在私底下單獨找他談，委婉地告知對方，不要傷害別人。

社會是一個大熔爐，我們必然要和別人共處。只有去承認並且接納他人的不足，才能避免因對他人太過吹毛求疵而引發的怒火，進而建立和善的人際關係。

別苛求自己，你不可能讓所有人滿意

錯誤在所難免，寬恕就是神聖。

——諾貝爾化學獎得獎人　約翰．波普

你不可能讓所有的人滿意，如果一味地向外尋求肯定或讚美，情緒就會因此而起伏不定。有人稱讚你才開心，一聽到批評，就懊惱或氣憤，增加無謂的精神壓力在身上。別對自己苛求太多，能力所及的範圍，盡心盡力地去做；實在做不到的，儘量做到完善就好，不要讓過多的壓力引起內心的不滿。

設立過高的標準，嚴格地要求自己，不僅是在用高壓侵蝕自身的愉悅，也可能因為你的目標不合情理，導致你連原本可以完成的工作都做不好。

在萌生懊惱的情緒時，不妨問自己：「那個時候的我還可以做得更好嗎？」如果你已經盡力，就大方地肯定自己；發揮了八、九成，也可以自我鼓勵，將目標放在下一次就好。

學會自我欣賞

很久以前，有一位畫家想畫出一幅完美的畫作。這一天，他選了一幅得意作品，帶到市集上展出。他在桌上放了一支筆，旁邊立了一個牌子，寫著：「每一位觀賞者，如果對這幅畫有不滿意的地方，都可以用筆做記號。」晚上回到家，畫家心懷期盼地打開畫，卻發現整幅圖上都是圈選的記號，竟沒有一筆一畫是得到贊同的。畫家非常難過，大受打擊的他，不禁對自己感到失望。

在友人的建議下，這位畫家決定換一種方法。他帶著另一幅滿意的作品到市集。可是這一次，他要求每位觀賞者圈出自己最喜愛的一筆。當晚，當畫家再度打開畫時，發現上面全都是讚美的標記。

畫家感慨地說：「不管做什麼，只要盡力就夠了，不需要滿足所有的人。因為，在一些人眼裡看來有缺陷的東西，在另一些人的眼裡則恰恰相反。」

生活中，我們所做的每件事都可能遭受批評，同時也會贏得某些人的讚賞。無論是誇獎還是貶抑，都無需過分介意，只要盡自己最大的努力就好，要怎麼評論是別人的自由，假如每一個批評都聽進心裡，就可能為此而沮喪或憤怒，但是，在這些批判之外，也許有更多肯定的言論，為了一個惡評而否定所有的稱讚，不是很不值得嗎？不如學會適度地忽視那些會點燃內心怒火的言辭，盡力完成手邊的工作，並且在內心鼓勵自己，別讓其他人輕易地破壞了你的愉悅。

你不可能讓所有人滿意

一個人就算做得再好，也還是會有人不滿意；就算週遭的人都贊同，也永遠還有進步的空間。所以，若是一定要講求「完美」，就落入沒完沒了的挑剔。一感覺自己沒做好，就生起悶氣，任由自責侵蝕內心。苛求自己的結果，不僅無法帶來任何實質的益處，還會使你陷入懊惱的情緒中而不可自拔。其實，你只要盡力做好自己，每一次都有所成長蛻變，那就足夠了。

他人的各種議論其實都只是稍縱即逝的觀感，只有你才需要對自己的人生負責。所以，保有你的善良、真誠和尊嚴，盡力做個讓自己滿意的人吧！

我們永遠無法預料他人的褒貶，因此，與其為了外界的評論而喜怒不定，不如找出能讓你感到自豪的關鍵，在生活中全力以赴。如果你有繪畫的天份，遇到適當的時機，就大方地展現出來。

比方說，學校舉辦活動時，總會需要擅長美術設計的人才，這時候，你就可以勇於

消消氣Tips

◆ 不要為了他人的指責與挑剔感到憤怒，了解自己的長處，自然就會有人欣賞你。有時候，他人的肯定不是不來，只是腳步稍慢了些。

◆ 為了一個惡評而否定其他的稱讚，不是很不值得嗎？不如學會適度地忽視那些會點燃內心怒火的言辭，盡力完成手邊的工作，並肯定自己的努力，別讓其他人輕易地影響了你的心情。

接下這份工作。做起來得心應手的同時，不僅能從中獲得自信，甚至可能因此得到他人的讚賞。

即使如此，心裡還是要明白，會得到什麼回應都不是我們能預料的。你可能覺得自己做出了成績，但他人卻不認同，甚至加以批判。這個時候，不要過度反應，為此憤怒，而要吸收他人的建議，試著改善原來的不足。即使是再惡意的評論，其實都含有積極的意見，只是有的時候，需要我們去抽絲剝繭，將具有建設性的觀點找出來。

假如你目前找不出能讓自己感到自豪的事項，也請不要苛求自己。心裡要明白，即使你是神，也不一定能讓所有人喜愛。所以，不需要在每一個批評上吹毛求疵，將自己推入委屈、怨懟等情緒中。他人的批評永遠只能當作「建議」，而非「本質」，如果你還無法以平常心看待外界的言論，那不妨暫時忽視它們吧！多花一點時間善待自己，總比為了其他人的評論而變得患得患失來得好。

欣賞自己不是自我陶醉，更不是唯我獨尊，而是給自己一點自信。不要總把別人的意願強加在自己身上，無形的壓力只會阻礙自己，延遲本該完成的進度。每天早晨對著鏡子說：「我很喜歡我自己。」擁有健全的心理狀態，才能平順地面對每一天的挑戰。

每個人都有獨特的魅力，重要的不是逼自己達成「完美」的不可能任務，而是學會揚長避短。不需要假裝堅強或偉大，坦然面對自己的不足、誠心讚美其他人的成就。因為你是獨一無二的性格綜合體，不要挑剔每一個不完美，懂得善待缺陷，才能成為生命的贏家。

不計前嫌，人生才能重新開始

無論過去發生過什麼，你要相信，最好的時刻即將到來。

——英文格言

在這個世界上，你不可能同時擁有白晝和黑夜的時光，也不可能同時看見百花燦爛和冬雪飄飛的景色。當你想欣賞其中一項美景，就必須先放棄另一種。

生活也是如此，當我們發怒的時候，正面、積極的情緒就像是被放置在一旁的家具，發揮不了它的功用，因此，當你盼望幸福造訪，就必須先放下內心的憤怒。

要選擇就必須放下

人生的風景不只一處，當你留戀逝去的美景，手中掌握的現在，便無聲無息地流向時間的海洋。回味過去只是對身後風景的留戀與感嘆，不僅沒有任何實質的幫助，還會阻礙自己邁向人生的另一個階段。

人生不如意的事十之八九，每個人都可能遭遇難以解決的困難，也都有難以釋懷的過去。但是，時光不會倒流，我們不可能回到過去，糾正自己的過錯，所以，時時刻刻都要記得：無論多麼風光或惱人的事情，一天之後，便會成為過去。再嚴重的事情，也不可能讓我們氣惱一輩子。認清這個事實之後，就會理解，讓情緒陷溺在怒火中並不明智。

當你感到悲憤不平的時候，不需要強迫自己放下，你可以找一項能宣洩負面情緒的做法。我有時會選一部感人的電影來看，隨著劇中角色的遭遇落淚，替他們的不幸氣憤，藉由電影的情結發洩憤怒，隨著角色經歷了大起大落的情緒三溫暖之後，結束的那一刻，情緒就會逐漸平復。

每個人發洩情緒的做法都不盡相同。有人喜歡找朋友聊聊、約同事外出走走、還有人習慣從家人那裡尋求支持與慰藉，無論採用何種方式都無妨，只要能讓憤怒得到緩解，就是最適合的宣洩管道。真實的行動，會比拿回憶折磨內心更實際許多。

因為過去讓你氣憤的遭遇，終究會成為心靈相簿的一頁，只有尚未踏入的未來，才是我們要迎接的現實。明瞭這一點之後，就要學會轉移內心的焦點、擺脫束縛我們的怒氣，唯有如此，才能抓住重新開始的機會，而不會頻頻回顧讓自己不愉快的回憶。

在心裡種一棵忘憂草

不斷回憶那些痛苦的過往，不僅會使自己氣憤難平，還可能失去前行的勇氣。不過，你會發現朋友中有一些總是看起來悶悶不樂、了無生氣的人，就像下面故事中的年輕人憂子一樣。

這一天，憂子像平常一樣，一臉憂鬱地坐在枯草旁沈思。一位老人走來，問道：「年輕人，你怎麼啦？」憂子無神地看了他一眼，沒有任何回應。

老人繼續說：「看樣子，你心中懷著無限憂愁啊！我聽說那裡的一座山上有一種草，名叫忘憂，吃了它便可以解千愁，你想不想試試看？」

聽到老人的話，憂子興奮地站起身，問道：「真的嗎？」

老人笑著點頭，回答他：「當然是真的。」憂子不禁望向遠方的那座山，決定去尋找忘憂草。

第二天，憂子帶著行李，離開家門，鄰居碰到他就問：「你匆匆忙忙地要去哪裡呢？」

憂子興奮地說：「我要去尋找忘憂草！」

消消氣Tips

◆ 生氣不是必然，而是一種選擇，如果我們放下內心的憤怒，它就再也無法產生作用，不需要被情緒牽引，你才是生活的主人。

◆ 給自己一個需要專注的目標，就不容易為了小事而動怒或憂慮，情緒都只是暫時的投影，稍縱即逝。

隨著旅程的延續，憂子感覺到全身充滿了活力，再也不像以前那樣憂心忡忡了。路途中，他見到許多人無精打采地坐在自家門前，其中有人問他：「為什麼你能這麼開心呢？」憂子笑著回答：「因為我滿心所想的都是能帶來快樂的忘憂草，根本沒有多餘的空間去裝不高興的事了。」

尋找忘憂草，其實是讓憂子忘卻煩惱的一種手段，而非目標。老人在他的心中種下一棵忘憂草——也就是忘記憂愁的信念。這個信念使他有了追尋的目標，驅使憂子以實際的行動取代空想，在過程中鬆綁憂慮，不再為它煩心。

生活中，我們會被許多苦惱和小事困擾，既搞得自己心神不寧、毫無鬥志，也使自己籠罩在悲憤鬱悶的氛圍之中。心裡的空間是有限的，將所有惹惱我們的事情都放在裡面，就會壓得自己喘不過去，最終爆發，甚至可能犯下讓我們後悔莫及的錯誤。

人生的道路始終在前方，可以偶爾轉身回顧身後的風景，但卻不能一直回首每一個走過的路口，否則就會拖慢自己的腳步。

當我們生氣的時候，有時會忘記這些讓人憤怒的問題，終究會隨風而逝。幾年之後，它就只是短暫的經歷，到那時，你也許根本就回想不出細節，也不會再為此惱怒不已了。

真正的放下，是你不介意再提起

如果沒法忘記，就不要忘記好了。真正的忘記，是不需要努力的。

——散文作家　張小嫻

放下是一種選擇、一種覺悟。真的能放下的人，便能從負面情緒中解脫，使自己不再心生怨氣、耿耿於懷。

有時會聽到朋友說：「我已經放下那些事情了。」就我的經驗來說，大部分會這麼說的人，其實都還糾結於過去，或許憤怒已經消退不少，但絕不是全然的雲淡風輕。不過，人都需要時間。越是讓自己氣憤的經歷，就越需要慢慢撫平，不用強迫自己在幾週或幾個月之內跨越內心的怒氣波濤。

釋然是內心的平靜，如果還殘存著一絲在意，就不可能隨風而逝。這個時候，與其強調自己沒事，不如靜待回憶淡化，因為放下憤怒是為了讓內心開闊，如果讓另一個「非放不可」的高壓指令進駐，就只是在內心加上新的一層負荷，反而更難釋懷了。

放不放下，是內心的狀態

這一天，一位老和尚帶著小和尚出門化緣，在河邊遇到了一位愁容滿面的年輕女子。一問之下才知道，女子是因為不敢涉水而過，才在河邊徘徊。她看見老和尚，便懇求他們的幫助：「這位師父，出家人慈悲為懷，拜託你幫我一次吧！」

老和尚二話不說，就背起女子過河，抵達了對岸，女子再三謝過老和尚的幫忙，便與他們分道揚鑣。

一路上，小和尚皺著眉頭，不時望著師父，苦思良久依然感到困惑，於是他問道：「師父，男女授受不親，何況我們出家人不近女色，你怎麼能背那個女施主過河呢？」老和尚平靜地回答：「我都已經把那位女施主放下了，你為什麼還要背著人家呢？」

我非常喜歡這則小故事，老和尚的話告訴我們，放下是心上的無牽無掛，而不是表象的作為。

老和尚背著女子過河，抵達對岸的那一刻，他也就不再將那位女子放在心上了；反觀小和尚，雖然表面上看起來不近女色，但卻一直拘泥於過河的景象，真正說起來，他才是那個無法釋懷的人呢！

不要讓過去的痛苦成為心上的包袱。我曾在感情受創的時候看到一句話：「跨越傷痛的最好方式，是學會原諒，甚至由衷地向對方說聲謝謝。」那個時候，我無法認同這句話的道理。被氣憤沖昏頭的我，連趕走內心的憤恨都做不到，更不要說是原諒。於是，我對自己說，讓時間治癒吧！雖然現在的我做不到，但幾年之後，我應該就不會再為了傷害我的這個人動怒了。

很久以後，當他寄信給我，談論他生活中的困境時，我只回了一句：「都會過去的。」我很高興自己不再為了他而氣憤，提筆的同時，才真正感覺自己從痛苦的回憶中解脫了。

放下之後才能獲得

容易發怒的人，會顯得鬱鬱寡歡、表情陰沉，一不小心就會對世界充滿敵意，以冷漠的態度回應其他人。因為一出口就有說不完的埋怨與怒氣，無法散發出任何正面的能量，所以反而得不到他人的關懷。其實，只要我們能轉個念頭，惱人的負面情緒往往就會跟著消退了。

1. 不要被念頭束縛

有些事之所以放不下，是因為有太多雜念。世事變幻，禍福無常，當意外打亂了生活的步調，就要先屏除雜念與不必要的情緒，才能做到處變不驚，從容應對。

想要排除思緒中的憤怒與不滿，首先能做的，就是分析自己的情緒從何而來。如果是工作上的缺失，而且你也有修正的能力，那就想辦法改善情況。當你著手處理問題之後，會發覺氣憤的情緒隨之減弱。越是坐在原地思索，反而越容易鑽牛角尖，怒火攀升的結果，會使得思緒更加混亂。

試著用積極的作為取代空想的時間，實際改善問題的同時，心情也會放鬆不少。如果是無法排除的困難，可以試著先轉移焦點。有的時候，只是一時跳脫不出情緒的框架，先做點別的事情，放鬆一下，往往就會感到舒坦不少。

人生本就充斥憂煩與苦惱，如果自己再加上一些額外的精神負擔，就會被壓得直不起腰來。只有把強加在身上的負荷卸下來，不讓憤怒主控我們的判斷力，以平常心來看待世事，才能找到真正的快樂和平靜。

消消氣Tips

◆ 越是讓自己氣憤的經歷，就越需要慢慢撫平傷痛，不用強迫自己在幾週或幾個月之內跨越內心的怒氣波濤。

◆ 想要排除思緒中的憤怒與不滿，首先要做的，就是分析自己的情緒從何而來。如果是你能修正的缺失，那就想辦法著手處理問題。

2.放下執著的得失心

很多時候，越難以割捨的物品，就越束縛自己的內心。喜愛一種事物的初衷，並不是為了在失去時發怒，而是為了那份享有時的愉悅感。面對已經失去的事物，要鬆手讓它過去，緊抓著記憶的碎片不僅拼不回原來的美好樣貌，還會因為殘留的片斷而感到遺憾。試著放開得失心，就不會為了外界的變化使得情緒起伏不定，而能得到心靈上的安然。

有一位禪師非常喜愛蘭花，在平日講經之餘，花費了許多的時間栽種蘭花。這一天，他必須外出一段時間，臨行前交待弟子，要好好照顧寺裡的蘭花。

弟子們謹遵禪師的吩咐，細心地照顧蘭

花。但有一天，一位弟子在澆水時，不小心碰倒了蘭花架，所有的花盆都摔碎了。弟子們感到非常惶恐不安，打算等禪師回來後，向師父賠罪領罰。

過了幾天，禪師回到寺廟，卻見到弟子跪在大堂中，面色憂鬱地等他回來。一問之下，才知道是弟子打破了蘭花。禪師不發一語，既沒有破口大罵，也不扶起弟子，只是叫他去召集其他人到大堂。

等大家都坐定後，禪師緩緩開口：「我種蘭花，一來是希望能用來供佛；二來也是為了美化寺廟環境，不是為了生氣而種蘭花的。」

禪師之所以看得開，是因為他雖然喜歡蘭花，但心中卻無非擁有蘭花不可的罣礙，因此，即便花盆全被摔碎，他也不為此而動怒。

在日常生活中，我們往往牽掛得太多，在取得的時候大肆慶祝，無法持有的時候就大發脾氣。這個時候，我們不妨學學禪師的價值觀，找回自己的初衷，不要因為過度在意擁有的事物，而破壞了自己內心的安寧。

我們之所以認為生活中充斥著不順心的事，是因為我們太過貪心，期望能擁抱想像中的歡樂，最後卻在失落的角落裡暗自流淚。其實，只要排除「非有不可」的執念，明白有些失去是不可避免的損失，就不會為了不合人意惱怒，後悔已經過去的情景。

Notes

懂得感恩的意義，就能讀懂生活的真諦，

從而放下無謂的怨恨和嗔怪。

用美好的心境來體會和感受擁有的一切，

就能學會珍惜和樂觀的生活。

Part 6

常懷感恩心，消除嗔恨心

Say Goodbye To Your Anger

Don't let the bad moods turn you down. Take everything ea

性格透視

Q 你有一顆感恩的心嗎？

在一個涼爽的夏夜裡，你正在公園裡散著步。看看時間，也差不多該回家休息了，這時，你突然注意到前方的地面上有個東西，你直覺認為那是什麼呢？

A. 裝了大量金錢的紙袋，不知道是誰忘在這裡的。
B. 好像是手錶？附近住戶多，大概是哪個人掉的。
C. 搞不好是黃金？想不到我竟然會碰上這麼夢幻的情節。
D. 應該是珠寶首飾吧！這附近住的都是貴婦級的有錢人。

性格解析

☑選擇A的人　感恩指數20%

認為會是錢財的你，是個欲望無窮的人。擁有的東西再多，都無法感到滿足，不知足的程度已經接近貪婪。這樣的你，沒有感恩的習慣，所見所想皆是欲望，幸福見了你都有些卻步呢！要知道生活中永遠有無法滿足的事情，如果想得到快樂，最重要的不是享有一切，而是學會感恩。

☑選擇B的人　感恩指數60%

覺得是手錶的你，是一個懂得追求自己幸福的人。選定方向之後，你便會無所畏懼地去追尋，就算遇到挫折也不埋怨，所以，能夠吸引幸福聚集到你的身邊。但是，假如太在意目標，反而可能在追尋的過程中失去初衷，建議你不要太患得患失，唯有如此，才能達到幸福的彼端。

☑選擇C的人　感恩指數80%

認為是黃金的你，是個知足常樂、懂得感恩的人。就算遇到逆境的侵擾，也會敞開心胸接受，而不會有任何怨言或憤怒。一點小小的幸福，就能讓你快樂很久，能夠感謝一切境遇的你，過著幸福快樂的日子。

☑選擇D的人　感恩指數40%

認為是珠寶首飾的你，很容易被境遇影響。在順境當中你能知足，但一遇到困境，你就會因而感到憤怒。其實，快樂只有自己能做主，順與逆，都只是生活上無可避免的變化。試著感謝磨練的機會，並相信它能成為你的心靈養分，只要多增加一點積極的思維，幸福就會來到你身邊。

幸福的關鍵字就是「珍惜」

許多人錯失屬於他們的快樂，不是因為他們從沒找到，而是他們沒有停下來享受它。

——William Feather雜誌創辦人　威廉・斐勒

面臨困境時，你是否會說出類似以下的話呢？

「如果沒發生這種事，我哪會生氣？」

「假如能像他一樣幸運，我就會很快樂。」

很多人會在不自覺中以這些話來安撫自己，替自己的怒火找個台階下。有人則會以為快樂只存在於遙遠的彼方，所以，無論是否達成目標，眼光都看向未來，認為不滿的情緒要到那個時候才能完全消弭。

其實，幸福不存在於無法預料的未來，只要我們能轉個念頭，它就在我們把握的每一個當下。

把握每一個當下

當小男孩五歲的時候，希望趕快長大，因為他覺得只要成年獨立，就可以像父母一樣熬夜，不必早早被趕上床睡覺，能自由地延長玩樂的時間，那一定很開心。

等到他真的長大成人，可以恣意地安排夜生活，他卻沒因此而變得開心。夜夜笙歌並不像當初期盼的那樣令人歡樂；相反的，過度疲勞讓他睡得很不安穩，早晨起床後一整天的情緒都顯得很暴躁；出了社會之後，主管偶爾還會擺臉色斥責他，讓他心裡很不舒服。

工作了三年之後，他又描繪起新的幸福計畫：當上主管。因為只要順利升職，就不用再看人臉色，還可以指使他人做事，讓下屬看他的臉色。

兩年以後，他的努力得到回報，上司認為他很有才幹，於是決定重用他。但是，升遷的那天，他還是沒有等到內心渴望的幸福。因為，公司的大小事都要他審核定案，縱使不需要被人斥責，但龐大的工作量與責任讓他身心疲憊。此時的他，又換了人生的目標——退休。他深信只要脫離職場，就能主導生活，想出遊的時候就盡情享受，需要休息的時候也不用顧及他人。

終於讓他盼到退休的年齡，當一個人坐在河堤邊欣賞夕陽西下的美景時，他不禁感到納悶：這一生都在期盼著幸福到來，可是，為何在實現願望後，依然這麼不快樂？這時候，他才突然明白，幸福不該寄託在未來，而是當下的每一天。

消消氣Tips

◆ 別讓自己淪於不滿或憤怒的奴隸，學會珍惜所擁有的，才抓住了幸福。

◆ 我們能掌握的只有現在，所以，別將時間消耗在怒氣上，而要學會珍惜眼下的經歷，把握每一次能提升自己的契機。

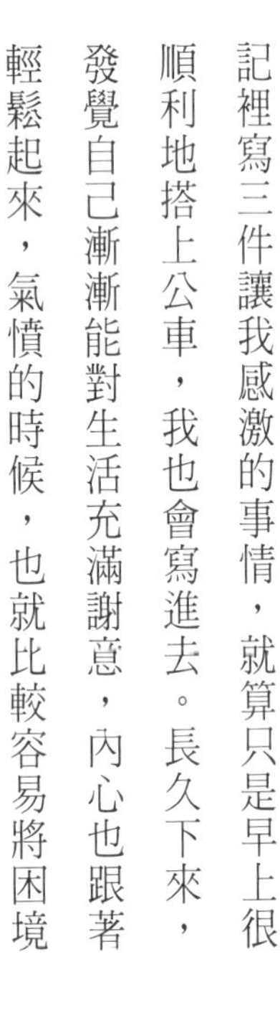

記裡寫三件讓我感激的事情，就算只是早上很順利地搭上公車，我也會寫進去。長久下來，發覺自己漸漸能對生活充滿謝意，內心也跟著輕鬆起來，氣憤的時候，也就比較容易將困境看作對自己的磨練了。

只要能體會週遭環境的美好，就不會為了一點小事而大發脾氣，就算遇到了會引起怒火的意外，也不會一直將它放在心上，而能隨著時間慢慢淡忘這股不平的憤怒。與此同時，我們也要學會珍惜點點滴滴的小事，享用美食、感受親朋好友的關心，並從中獲得積極正面的能量，內心感到舒坦，才能以微笑面對生活。

2.簡化一切，也是幸福

許多人憧憬著功名利祿，使出渾身解數與

人比較，只求晉升。身心疲憊之餘，不僅降低了不少生活品質，還在發覺情況不合心意時，大肆地發火或抱怨，認為自己際遇不佳，總以為只要自己追求更多的物質，就一定能獲得滿足。

事實上，繁忙並非幸福的紐帶，功名利祿也不是長久幸福的保證書。假如我們以為這些是衡量生活品質的標準，不僅可能為了野心而迷失自我，更容易讓心情隨之擺盪。當情況順利的時候感到雀躍，低潮的時候就被憤怒的火焰遮蔽理性，落入埋怨的循環當中。相反的，假如我們能試著簡化生活的忙碌，身心反而會感到輕鬆許多。

簡化生活，就是減少人生的負荷，也就能騰出更多的生命空間。你甚至可以從現在開始就抽空去做一些你真正想做、而又沒有時間去完成的事情。別用模糊的未來代替實際的現在，也別讓曾經的不悅吞噬了今天的幸福。

即使置身陰暗，也要活出陽光

快樂的秘訣是：讓興趣盡可能地擴張，對人事的反應盡可能出自善意，而不是惡意的興趣。

——英國哲學家　羅素

有時候，人會深陷於痛苦的回憶，為了過去的遭遇而感到憤慨，就算現在已經脫離了讓自己惱怒的環境，心情依然無法平復，這是為什麼呢？

因為他們徘徊在過去與未來之間，沒有讓自己活在這一刻，所以，才頻頻地回顧以前的不幸。

但是，我們擁有的只有當前的這一刻，未來是現在逐步的累積，所以，只有在我們能下定決心，看向前方的目標，並享受現在的歡愉時，才可能創造出我們期望的快樂。

跨越逆境的悲苦

猶太籍心理學家約翰．南森堡在二戰時期被關在納粹集中營裡。他和許多猶太人一樣，過著毫無尊嚴可言的囚禁生活。而當南森堡看到許多猶太人因無法忍受龐大的精神壓力而發瘋的時候，他其實也處於精神崩潰的邊緣。

某一天，他隨著勞動的隊伍來到集中營的工地，走著走著，他內心突然產生了一種強烈的渴望。盼望著晚上能活著回到房間，吃一頓能溫飽的晚餐，能活到明天、後天，甚至是更長的將來……強烈的生存欲望激勵了他，將他從崩潰的懸崖邊拉回來。突然間，他意識到：若能保持這樣強烈的生存企圖，他一定能夠活著走出集中營。

活下去的願望佔滿他的心靈，這樣的意念在不知不覺中掃除心中的絕望。在非人的折磨裡，他想像自己正沐浴在晨光中，前往大學去聽演講；幻想自己正在一間明亮而寬敞的教室裡發表演說。在獄卒的叫囂聲中，南森堡無聲地念著他的演講稿，並在腦中描繪觀眾的掌聲與歡呼，清晰的形象讓他露出久違的笑容，心情也因而輕鬆明亮了許多。

從此以後，他的笑容就像陽光一樣，時刻掛在臉上，其他的猶太人不解地問他：「你笑什麼？」

他說：「我在細細品味陽光的滋味。」儘管這只是一種幻想的光明，他還是以此支撐自己的心靈。

堅強往往來自於信念，南森堡就是憑藉著夢想中的畫面強化求生意志，不讓苦難侵蝕自己的內心。後來，納粹的野心崩解，南森堡也得以走出那黑暗的牢籠，當真正看見陽光的那一刻，他留下了飽含著感激之情的淚水。

南森堡曾說：「即使置身於陰暗的洞窟，我們也要活出陽光的滋味。」這正是經歷了常人無法想像的痛苦後，才能說出的深刻之語。

遇到讓人煩心的困境，感覺自己站在怒火爆發的交界點時，不妨學學南森堡的做法，給自己一個相信未來的信念。告訴自己：「當前的際遇都是暫時的，一定會過去。」同時想像當跨越了眼前的障礙之後，內心會是如何地舒坦。藉由積極的思考支撐自己，就算一時間無法克服憤怒，最起碼也不會迷失在不滿或抱怨之中。

歡愉來自於分秒的累積

以前的我，是個習慣憂慮的人，總羨慕其他人的優點與成就，期許自己也能像他們一樣優秀。直到某一天，我意識到自己老是在看別人的背影，雖然的確逐步在超越過去的自己，但卻永遠都不快樂。當我前進三步，對方也同樣往前推移，步伐甚至比我的更大，永遠追不上他人的結果，造成我老是不滿意自己達成的目標，甚至會為了趕不上對方而氣惱，苛責自己的能力，也不滿別人的傑出。

因為不想讓氣憤不平的情緒主控生活，所以，我試著放寬心，學習「盡力，但不強求」的做法。同樣努力的腳步，突然有了全新的涵意，我不再像學生時代那樣，被「不得不」的壓力拖著走，也不會為了比較而心生怒火，而能接受每一個突如其來的挑戰。從外在的行為看來，或許沒有多大的差別，但我清楚地知道，自己終於不再需要為了別人而競爭了。

每個人都有自己的快樂之道，只要你從現在開始累積，就能在分秒的延續當中建構出通往喜悅的道路，只有自己能調整生活的走向，以下提供幾點遠離負面情緒的參考方法：

1. 常與樂觀的人交談

所有的情緒都是會傳染的，在憤怒之火高漲時，找那些同樣被氣惱纏身的人聊天，就會陷入抱怨的情境中無法自拔，在聊天的過程中，還可能讓憤怒延燒得更加旺盛；反之，靠近那些積極向上的人，就能從他們身上得到正面的能量。喜悅就像是一種興奮劑，滲入骨髓之後便會上癮，再也離不開正向的感染力。

人與人之間的邂逅無法預料，但我們可以選擇要與什麼樣的人深交，沒有人會從消極的人生觀中得到撫慰，當我們生氣時，如果與你聊天的朋友態度消極，往往會惡化我

們的情緒，變得更加憤憤不平；除此之外，也無法從他們身上得到客觀的建議，於是，聊天之前原本十分憤怒，談話過後也找不出緩和情緒的方式，胸中還是感到抑鬱、不滿。所以，多與那些掛著微笑的人交往吧！就算只是簡單的幾句交談，也依然能受到鼓舞，幫助我們穩定思緒。

2.捕捉讓你感到愉悅的時刻

勝利的片刻能驅離因不滿而生的怒意，鼓勵人持續向上。一張大笑著衝過終點的相片，或是攀登高山的海報都可以鼓舞人心，增強你達成理想的決定。

試著將你感受到的這一刻收藏起來，把這些圖片放在眼光所及的地方，比如貼在冰箱或者放在書桌上的相框裡。在自己遭遇挫折而感到氣惱的時候，就看看這些相片，用心去感受當中的積極氛圍，這樣多少能緩和你內心的不平，讓你從低潮中站起，重新為了目標而奮鬥。

快樂可以使人精神愉悅，獲得心靈上的滿足，驅逐憤怒與怨懟。雖然是觸摸不到的抽象概念，但卻有著無法想像的推動力，所以，試著擷取每一個激勵人心的片段，讓積極的情緒發揮它的影響力。

消消氣 Tips

◆ 各種情緒都是我們思考習慣的產物，當你放大自我，習慣挑剔，就打開了氣惱的栓塞，怒氣自然要噴發而出；但若你練習用善意對待一切事物，就能開啟快樂的開關，不會為了小事而計較不休。

◆ 當我們生氣時，不妨去接觸那些思考樂觀的朋友，他們的積極人生觀，會幫助我們穩定情緒。

3.改掉抑鬱的壞習慣

有一名長期為憂鬱症所苦的男性患者，不肯服藥，終日胡思亂想，家人帶著這位患者看了好幾位醫生，但都束手無策，那些人都搖著頭對他的家人說：「他不配合藥物治療，不可能好得起來。」

煩惱的家人在因緣際會下，認識了一位老中醫，聽到這位男性的症狀之後，老中醫自告奮勇地說：「帶他來見我吧！我有辦法根治他的憂鬱症。」看著老中醫胸有成竹的樣子，家人們便帶著這位患者到他的診所看病。

老中醫煞有其事地替這位患者看診，結束後，只說了一句話：「你的病是月經失調所致。」患者聽了不禁大笑，嘲笑老中醫的昏庸，拉著家人離去。

回到家以後，這個男人逢人便講自己遇到了庸醫，每講必笑，不到兩個月，多年不癒的憂鬱症竟然好了。這時他才明白老中醫的用心，不開藥，是因為了解他的鬱悶是心病；隨口胡謅一個可笑的診斷結果，是為了讓這位患者有能回想的趣事，讓他在每一次的回憶中大笑，如此下來，自然能掃空胸中的抑鬱，病症也就不藥而癒。

人的情緒就像齒輪一樣，當快樂的零件被憤恨不平的想法堵塞住，自然無法運轉，也就容易感到鬱悶、不滿。想要時時刻刻感受喜悅之情，就必須在眼下的這一秒開始練習，長久下來的栽培，就會結出喜悅的果實。

心無怨懟，生命不受限

沒有感恩就沒有真正的美德。

——法國思想家　盧梭

有時候，我們擁有的已經很多，但卻還是會感到不滿，這是因為我們不懂得感恩，所以即便物質生活充裕，卻總是在嘆息自己缺少的「唯一一樣東西」。

就像我身邊的朋友，其實什麼都不缺，但卻習慣憧憬那些自己無法擁有的事物。所以，他們會哀嘆自己際遇不如人，甚至在求取失敗時，心生怨懟，大肆地抱怨世界的不公平之處。但是，其實他們並不貧困，甚至都過得相當優渥，和真正困苦的人相比，實在找不出埋怨的理由。

在我看來，困乏或者富裕並非決定人是否快樂、幸福的判別要素，真正能左右心情的，還是在於我們看待週遭環境的態度。

因為幸福是一種感覺，不來自懾人的權勢，也不是過人的財富，更非超人的才華，而是一顆能包容人生萬象的寬廣心胸。

能擁有多少，與天生資質無關

有個孩子出生的時候就沒有四肢，整個童年，都在與自卑和孤獨鬥爭，不斷地自問：「為什麼我與其他人不同？為什麼我沒有手腳？為什麼我什麼都不能做，只能在這裡看別人玩耍？」自憐自艾佔據了他的內心，他鬱悶、憤怒，甚至怨這個從一出生就註定充滿缺陷的人生。

經過許多挫折之後，他學會了如何應付自身的不足，慢慢適應他的生存環境，並且找出能自立自強的方法，刷牙、洗頭、打電腦、游泳，這些他以往認為自己永遠無法做到的事情，他都憑藉著努力而完成。

在不知不覺中他平息了悲憤，擁有正視現實的勇氣，坦然接受生命中的不公平。他對自己說：「凡事都有美意，既然生來就沒有手腳，那就接受吧！不要再浪費寶貴的時間去乞求上天賜予我手腳，而是想想自己能夠做到什麼。或許沒有四肢也是一種美意，只是這種美意隱藏在缺憾身後，必須要靠我自己去挖掘。」

從此，他著手於實現夢想，過程中雖然坎坷，但是他依然鼓舞自己向前，不給自己放棄的理由。現在，他透過親身的經歷去鼓勵其他人，帶給他們希望與勇氣，雖然不能用雙臂來擁抱他人，但他以一顆無比寬廣的愛心擁抱了全世界。

他就是力克．胡哲，出生於澳大利亞墨爾本，是「沒有四肢的生命」組織創辦人，也是《生命不受限》的作者。生理上的缺陷沒有擊垮他，反而讓力克的故事更加震撼人心。生命的價值往往不在於表象，可以擁有的、應當享有的，都與外在條件無關，只有內心的柔軟與堅強，才能感動他人。

考驗無所不在，當你因為加諸在心靈上的苦難流淚時，不妨給自己一個能支持下去的信念，那可以是簡單的一句話，只要那句話能讓你的心中燃起一股無形的動力，那就足夠。先以此支撐自己，將來的某一刻，你自然能坦然面對這件事，不再需要苦撐了。這就好像一個受了重傷而無法行走的患者，在復健期間儘管痛苦難耐，但還是要用意志力踏出腳步，一步、兩步……某一天，這位患者就能自立無礙了。

國中的時候有位同學，家境不是很好，她最常說的一句話就是：「如果我像你們那樣，回到家都不用幫忙做事，當然可以像你們一樣考得那麼好啊！」有一次，一位朋友終於忍不住對她說：「你可不可以不要再這樣抱怨？為什麼不能肯定別人的努力，而要一直強調你的不幸？」那位同學一時之間沒有任何反應，後來她才對我們說，她並沒有否定其他人的意思，只是會在無形中與他人比較，越想就越低落，感到憤憤難平，所以才會在不經意間埋怨。

我明白那位同學並非故意惹惱其他人，所以，我平時會盡量給予她肯定與鼓勵，甚至建議她去做義工，看看那些在與生命搏鬥的人。現在的她，已經不像以前那樣見了人便要訴苦，反而經常在網路上分享溫馨的小故事，看到她因為人生觀的改變而變得快樂，我也替她感到開心。

想想，生來即殘缺的力克尚能感激生命的恩賜，更何況是四肢健全的我們呢？生命的火焰只有自己能點燃，與其抱怨生命的殘酷、祈求自己不可能擁有的，倒不如用感謝撫平內心的憤恨，全力朝未來衝刺。

以感謝支持生命，驅散怒氣

母親有一位朋友，外表總是打扮得光鮮亮麗，每一次看到那位阿姨，我都覺得她很美，說話溫柔且充滿善意，家庭也非常和樂，是我心中的「模範人生」。

直到有一次陪母親去聚餐，我才發現，那位阿姨無法爬樓梯，走路也異常緩慢。回到家，我問母親當中的緣由，這才知道，那位阿姨在二十幾歲的時候，生了很嚴重的一場病，每天躺在病床上，連動都不能動；偶爾感覺比較好可以下床，也都不能久站，否則只會加重病情，她就這樣過了十幾二十年。當初被醫生診斷幾年間就會離開人世的她，用堅強的意志熬過了痛苦，現在的她，是我看過最美、最優雅的六十歲婦人。

我曾經問那位阿姨：「患了這樣的病，許多人很快就會離開世間，你是怎麼熬過來的呢？」

她回答：「你知道嗎？我每天晚上躺在床上，所做的唯一一件事，就是感謝上天，三十幾年來，沒有一天中斷過。」

一個人能否感恩，與自己的遭遇無關。生活優渥的人可能憤怒不平，遭受重大打擊的人也許比一般人要知足快樂，兩者的差別，就在於看待人生的心態，擁有懂得感恩的心態並不難，你可以從下面兩個面向去體會看看：

1. 感謝你所擁有的一切

一個真正有智慧的人會懂得感激身邊所擁有的事物，因為他理解過於斤斤計較的態度，在面對不合意的情況時，會引燃內心的怒火，導致自己陷溺於其中，不可自拔。明白這個道理，他便不會任憑自己的私欲膨脹，而能抱持善意，心懷感激地看待生活中的

消消氣Tips

◆ 過於斤斤計較的人，在面對不合意的情況時，便會引燃內心的怒火，導致自己陷溺於其中，不可自拔。試著以善意解讀生活，才能在面臨逆境時控制內心的憤怒。

◆ 生活優渥的人可能憤怒不平，遭受重大打擊的人也許比一般人要知足、快樂，兩者的差別，就在於看待人生的心態。

各種情境。

當我們遭受不公平的待遇時，通常都會沉浸於憤怒的情緒中，無法跳脫出來。在這種時刻，我會在內心替對方緩頰，找一個理由讓自己的怒火不延燒得更旺盛。如果實在找不出，就去做些自己喜歡的事情，甚至是好好地睡一覺，等怒氣稍稍消退，理智開始發揮作用之後，再動筆寫下一些自己能感謝的事物，幫助自己脫離不愉快的回憶。

一旦你懂得感恩，會發現自己變得不一樣，露出笑容的次數增加、他人更加主動與你交流、甚至連眼前的困難都不再那麼棘手。其實，轉變的並非外界，而是你的心，對你釋出善意的人一直都很多，只是怨懟遮蔽了你的雙眼；際遇其實也沒有太大的差別，只是你現在懂得逆境的意義，藉由感恩去體驗人生。

2.感謝你無法擁有的

曾經有人問我：「你不覺得我們擁有的太少？無法得到的東西很多嗎？」

我回答對方：「是啊！所以呢？」

我不否認一個人能取得的物質有限，也可以理解那些不斷向外追求的人，之所以願意為了生活奔波的理由。就是因為人生的劇本無法預料，所以我才將「懂得感謝」視為重要的生命課題。既然我們都明白生命不可能完美，那麼，與其為了無法擁有的缺憾，不停地埋怨，不如試著感謝逆境，減少自己被怒火波及的機會。

假如力克總沉浸在渴望擁有四肢的煩惱裡，他就不會流露出如此感人的生命張力，也無法講出激勵人心的演說內容，更不可能擁有全世界人們的愛。

試著養成感恩的好習慣。每天睜開眼，先對自己說：「今天又能安然地起床，還能夠享用豐盛的早餐，我感謝這一切。」經常這樣練習，感恩便會慢慢內化成性格中的一部分，無論發生了什麼困難，你都能勇敢面對，因為你知道這是能幫助你成長的好機會。

療癒傷口，改寫傷痛的意義

累累的創傷，就是生命給你的最好禮物，因為每個傷痕上面都標識著前進的一步。

——諾貝爾文學獎得主　羅曼・羅蘭

面臨困境的時候，我們難免會感到氣憤，甚至有人會質疑「為什麼會碰上這種事情？」其實，每一個人在生活中都會遇上或多或少的逆境。

有的人在求學的過程中走得跌跌撞撞、有人在感情路上遍體鱗傷、也有人在職場中因為不得志而懊惱。遇到不如意時，與其埋怨人生際遇，不如學會用另外一種心態面對。

善待創傷、學會感恩，每一個傷痕其實都是恩賜。當你深切地痛過一回，並能隨著時間淡忘當下那種痛楚，就等於是提昇了心智的堅強。生活中的每一場考驗，都能加寬自己跨越障礙的腳步。所以，有人會說「失敗為成功之母」，在一次次的打擊下，我們不僅能記取失敗的教訓，還能因此變得更為沉著、冷靜。

飽嚐創傷之後，如果能完全平撫內心的憤恨不平，那你就是令人尊敬的勇者。越是在能在風雨中堅持的身影，就越具備感動他人的力量。

創傷並非憤恨的根源

我一直相信「受傷之後會學到的是溫柔，而非怨恨。」當自己被傷害的時候，為痛苦而流的眼淚是那麼深刻，所以，也就不願意帶給其他人同樣的折磨。雖然有朋友認為我這個想法太過天真，但我覺得若能讓自己變得更加寬容，不是比被怒氣主宰更好嗎？

在漫長的人生旅途中，重重的困難猶如一場場戰役，有時你能戰勝、有時兩敗俱傷、甚至被打垮而倒下。

無論是勝還是負，其實都無關緊要。沒有人是永遠的贏家，無論是多麼幸運的大人物，都免不了有挫敗的時刻。在這種時候，請放下輸贏與得失，專注於內心的能量吧！當我們為了困境而氣憤不已時，不妨先找個地方靜一靜，你可以遙看大自然的景色，也可以好好地睡一覺，讓心靈得到暫時的休養。

一段時間過去，當你的怒氣稍稍緩解之後，不妨試著轉變思維，想想你能從這次的失敗中學到的經驗，用「恩賜」的想法代替「困厄」，相信那些不順遂是心靈得以茁壯的養分。當你勇於面對時，一定可以比別人獲得更多的精彩，變得更堅強、更成熟、更有智慧。

一個學會跨越傷痛的人，往往生命會更燦爛耀眼。國小的時候，班上有一位女同學，脖子有一大塊都是被燙傷的痕跡，當我問起那片傷疤時，她笑著對我說：「我小時候在廚房玩，不小心被燙傷，很醜吧？」讓我記憶深刻的，倒不是燙傷的痕跡，而是她坦率的笑容和自信。

「當時我媽媽一直哭，但是，只有燙到脖子這邊不是已經很幸運了嗎？」她的這句話，就像錄音一般，不時在我的記憶中播放。

燙傷的疤痕不好看，但是，開朗的笑容遠比身體上的印記要來的醒目。她身上的正面能量也比一般人強大，更感染了她身邊的每一個人。換作別人經歷燙傷的話，性格可能因此變得暴躁易怒，埋怨生活，但是那位女同學卻以樂觀的心態面對那場意外，不為此而生氣，反而能樂觀開朗地度過生命的每一天。

遠離埋怨，用感恩改寫傷痛的意義

沒有人會主動選擇苦難，但人人都必須面臨這項課題。生氣、難過的時候，你可以試著轉換思維，告訴自己：「一切都會過去，只要撐過現在，將來的某一刻我必定會感激他們帶給我的磨練。」除此信念外，再吸收以下觀念親身實踐之後，你就能體驗到思考轉變的影響力。

1. 縱然有不如意，也要心存感恩

在面臨痛苦的打擊時，我們難免會為此難過、憤怒，但是，這些負面的情緒就像泥沼般渾濁，導致我們無法看清事件的意義。越是被憤怒之火折磨的時候，就越需要找出一個化解胸中鬱悶的方式。

能轉化憤怒的動力，往往來自於一個簡單的信念。堅強的信仰會成為無堅不摧的心靈支柱，讓你能在痛苦中穩住內心的憤慨，勇敢地面對創傷，靜待它逝去。

不需要將信念想得太過複雜，一句簡單的話就夠了。當內心生起負面的怒氣或不安時，就拿那句話壓下對生活的質疑。我們無法掌控未來的走向，但卻能用一個企望主控當下。所以，只要這幾句話能讓你平息部份的怒火，就緊握住這個浮木，所有的苦痛都會過去，但我們一定要能咬牙撐過每一個傷心難過的現下時光。

消消氣Tips

◆ 當傷痛來敲門時，你會對著它叫囂，吼它不該來找你？抵住門壓抑？還是開門面對、好好地招待它？人生雖然不是簡單的選擇題，但請一定要讓自己好過，別放任怒氣折磨自己的內心。

◆ 能轉化憤怒的動力，往往來自於一個堅強的信念。它讓你能在痛苦中穩住內心的憤慨，勇敢地面對創傷，靜待它逝去。

2. 善待創傷，學會感恩

從出生起，每個人便在創傷與心靈的修復之間來回，找尋兩者當中的平衡點。傷痛與感恩，都是人生的必修課，花費的時間各自不同、教學大綱也大相逕庭，不過，我們必須在這兩堂課中學的道理都相同——以感恩轉化傷痛。

遭受無法承受的打擊時，或許苦不堪言，但是，只要你能靜待當下的憤怒過去，就能超越考驗，甚至能感覺到心胸變得更寬廣。給自己多一點信心，就像之前所提的南森堡一樣，在痛苦的折磨當中也試著描繪一幅向陽的未來藍圖，懷抱著期望向前走。

在療傷的過程當中，不需要太勉強自己，

想哭的時候就放聲大哭、找人傾訴也無妨，但是，在做這些事情的時候，心裡要明白，自己正處於跨越傷痛的過渡期，只要撐過這段時間，就不再需要如此發洩情緒。

我們不能主控事情的發展，但卻擁有引導內心情緒的操控權，自己能否做主的關鍵就在於，在脾氣到達爆發的臨界點時，我們能不能沈住氣，靜待一段時間，再用感激斬斷內心的怒火嫩芽，只要能在那個時點發揮得當，就不會被一時的氣惱掌控了。

心因知足而滿足，人因滿足而富足

人真正的完美不在於他擁有什麼，而在於他是什麼。

——英國作家　王爾德

有的人，明明物質和精神生活都很豐富，不缺任何東西，卻還是不滿足。給他的再多，他依然愁容滿面，埋怨生活；相反的，有些一無所有的人，只是得到一點不足為人道的物品，就能綻放出知足且動人的笑容。

我曾聽過一句話：「人之所以快樂，並不是因為得到的多了，而是因為計較的少了。」這句話剛好能解釋前面所談的情形。一個人對週遭的態度如何，取決於內心的欲望有沒有上限。假使我們想要追求的事物有限，就不用活在缺憾的情緒陰影中，而能為了已經擁有的一切感到喜悅。

別活在不滿中，看清你的「需要」

傑克是一棟大樓的清潔人員，在一個天寒地凍的雪夜裡，他站在大樓外掃雪，突然發現有一位老婦人站在角落。她穿著舊式印花洋裝，褪色的黃毛衣，一雙襤褸的鞋子。這樣的冬夜當中，傑克注意到她沒穿襪子。

看著老婦人站在路邊的身影，傑克走過去問她：「天氣這麼冷，您怎麼不穿雙襪子呢？」老婦人看了傑克一眼，說她沒有襪子可以穿。

看著不斷在搓手取暖的婦人，傑克脫下自己剛買的新襪子，幫婦人穿上，婦人頻頻向傑克表達謝意，對他說：「十分感謝你。我認為最幸運的事，莫過於在自己感到寒冷時能穿上一雙暖和的襪子。」

隔天晚上又輪到傑克值夜班，這個時候，有兩名員警走過來。因為一位住在附近的太太今早剛過世，所以他們必須做一些調查原因。

員警告訴傑克，過世的是一位寡婦，住在一間沒有暖氣的簡陋房子裡。傑克想起前一晚的老婦人，便追問詳細的情況，其中一位員警回答：「驗屍官處理屍體的時候，我也在場。很奇怪，那房子的室內溫度和外面差不多，但她一臉安祥，表情既滿足、又平靜。」

想想，與故事中窮困的婦人相比，我們有多幸福？也許我們沒有豪宅和名牌車，也沒有高薪的工作，但是，如果我們能想一想那些連一餐溫飽都有問題的人們，就不該為了比較而抱怨生活，而該感謝我們所擁有的美滿與安定。

別讓外界左右你的心情

當所在的環境產生變化時，我們的內心難免會跟著動搖。譬如說，在職場上得到升遷會歡喜、財富被剝奪時會鬱悶。其中，負面的情緒若是不當爆發，往往會造成無法彌補的遺憾，這個時候，唯有憑藉平日累積的智慧，才能以相對平靜的心面對瞬息萬變的生活。

1. 以平常心面對榮辱

每個人都會有情緒，在遇到不順心的境遇時，心情難免會受到影響。但是，不要糾結於那些不順遂，要懂得讓它隨著時間煙消雲散，否則，眼下的困境就會轉變成長期的苦惱根源，每想一次就發火，反而讓自己更加難過。

人生當中最可怕的，不是遭遇挫折，而是不懂得如何化解痛苦。為了避免讓自己陷入長期的苦惱中，我們都要學習放手，在傷痛淡化時，就要卸下內心的負荷，別再為此而發怒。

要靜待傷痛過去當然不容易，這個時候，就倚賴你的家人與朋友吧！越是瞭解你的人，就越懂得如何安撫你。

在我陷入低潮，感情受創的時候，好友對我說：「我希望你能過得比他更好。」就是這樣簡單的一句話，成為我堅持下去的力量，所以我在忙碌中度過每一天，盡力去完成該做的事情，不知不覺中，時間就帶走了當初那個讓我痛苦不堪的事件，那個時候，我才理解為何有人說：「時間是最好的藥」。

中國有句古老的諺語：「不以物喜，不以己悲。」其中引我深思的，是我們總是「以物喜、為己悲」的患得患失心態。我們往往會在無形中企盼自己未來依然能享有現在的榮耀或名利，正是因為這樣的心態，導致我們過於在意結果，心靈受到這些事物的拖累，讓我們在無法順心的時候感到氣憤不平。

其實。我們所得到的「物」是對過去努力奮鬥的認可與回報，並不等於將來，誰都無法預料未來的走向，別去設想該有什麼回報，才能維持內心的平靜。

不管你覺得自己目前的成就有多卓越，是銷售冠軍也好、管理奇葩也罷，都應該要盡量保持一顆平常心。若非如此，就會將自己的情緒綁在外界的變動上，當你的表現傑出，得到讓人稱羨的榮耀時，當然看不出有什麼影響。不過，一旦遭遇變故，從人生的頂峰滑落，就可能因此陷入自怨自艾的情境中，甚至因為無法相信自己的失敗，而再也無法重新振作。面對無法掌控的意外時，試著沉澱一下自己的思緒，告訴自己「挫敗是無可避免的插曲」，不要因此而過度貶低自己，這樣才能克服阻礙，逐步達成你的理想。

2.客觀看待自己的優缺點

人只要活著，在任何時候都不該貶低自己。不要被優劣勝敗的框架限制了你的思維，或是沉淪在沮喪或不滿裡無法自拔。

聽到他人對你的評判時，不要讓消極的苛責埋沒你的原貌，要以客觀的態度審視自己，正視自己的脆弱與不足，但也無需將自己推入更深一層的負面情緒中。

沒有人生來就完美，許多優秀的人才都是在長期的累積下，才成就一番讓人敬佩的事業。所以，你也無須對自己施加過度的壓力，只要確實走在理想的道路上，就抬起胸膛，多給自己一點自信，別讓外界的評論引發你的怒火、打亂你的步調。

做人最重要的是對得起自己，他人的批評可以作為參考，但如果因而感到憤怒，不妨暫且忽略那些言論，盡力做好你該做的，等到情緒冷卻下來，再來思索那些評判的內容，放下過於主觀的批判，汲取當中客觀的建議來逐步提升實力。

3. 以最恰當的承受力面對一切

在大多數的人情況順利的時候，會讚美世界；但下一秒鐘，又可能為了所面臨的阻礙而哀嘆起這個世界的不公平，甚至為此感到憤怒。這些都說明你還需要磨練你的承受力。那麼，我們又該如何砥礪自我，讓自己在困境中不被情緒淹沒呢？就我的經驗而言，其實挫折與失敗，是最能強化心靈的方式。

路邊的野草之所以具備在風雨中堅持的韌性，就是因為它長期接受大自然的洗禮；而溫室裡的花朵會那麼容易損壞，是因為它太習慣舒適的環境。人也是同樣的道理，經歷了一次打擊，就擁有跨越這種逆境的承受力，所以，當你感到痛苦、氣憤難安的時候，請不要逃避，像我之前說的，給自己一個簡單的信念，並告訴自己困難一定會過去。內心成長之後，才能減少自己為了眼前的阻礙而憤怒的次數。

當你具備了一定的承受力，就能以相對從容的態度去面對一切榮辱。喜悅時不會過分張揚，生氣時也懂得自我控管情緒。北宋詞人歐陽修之所以能獲得讓後人景仰的名聲，就是因為他不怨天尤人，保持積極樂觀的人生觀，這就是「不以物喜，不以己悲」

消消氣Tips

◆ 人生充斥著許多突發事件，面對無法掌控的意外時，試著沉澱一下自己的情緒，告訴自己「挫敗是無可避免的插曲」，不要因此而過度貶低自己，這樣才能克服阻礙，逐步達成你的理想。

◆ 假使我們想要追求的事物有限，就不用為了無法得到的目標而陷入憤慨不滿的情緒中，而能為了已經擁有的一切感到喜悅。

的思想境界。

4. 認清目標，別陷入盲目的追求

當我們面對種種短期利益的誘惑時，很容易失去遠見，變得只看得見當下，所以得利時便大加讚賞自己的作法；遇到困境時又後悔自己不該一時糊塗，因此而憤慨不已，患得患失的心境只會讓我們離平常心更遠。

為了避免自己因一時的不順遂而陷入怒火之中，就必須清楚自己真正憧憬的理想究竟是什麼。放棄眼前的利益，也許是為了達成長期的目標。

人生有夢，但築夢要踏實，千萬不要因為好高騖遠而輕易放棄。具備長遠的眼光之後，在遇到困頓之時，便能承受眼前的挫折，因為你清楚自己的人生方向，縱使會因一時的困厄生氣，也不會因此而忘記自己的決心。

每個人都會追求名利、財富等事物。但是，若讓欲望無限制地攀升，就不可能因而得到滿足。一個人所能需要的物質其實很有限，取得更多往往是為了在需求的限度之外，求得更多的快樂。所以，當我們為了生活中的不如意氣惱時，不妨反思，自己是否在追求的過程當中遺忘了初衷。如果確實迷失了自我，就要沉澱一下思緒，或者約幾個好友到咖啡廳聊天，藉由這些放鬆的行為轉移注意力，找回自己當初所期望的快樂。

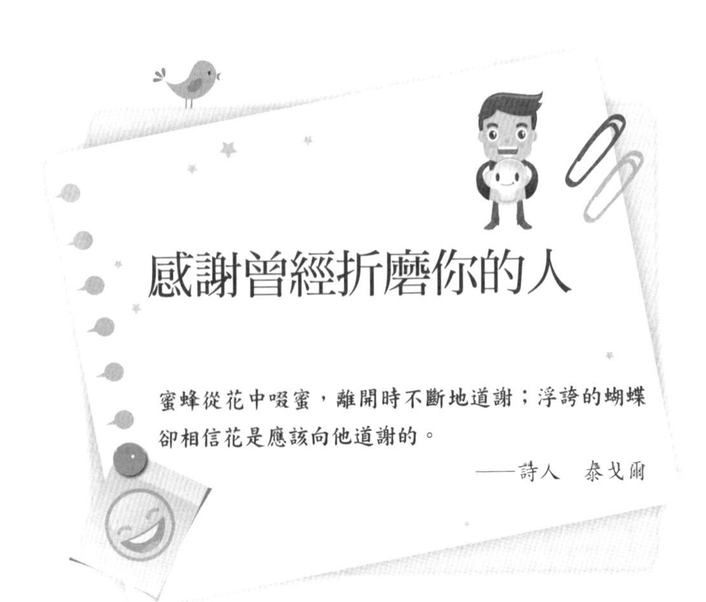

感謝曾經折磨你的人

蜜蜂從花中啜蜜，離開時不斷地道謝；浮誇的蝴蝶卻相信花是應該向他道謝的。

——詩人　泰戈爾

許多人在生活優渥、順利的時候忽略感謝；而在遇到重大打擊的時候，因為氣憤的衝擊，更不可能將所面臨的事故看作感恩的對象。其實，越是在這種時候，才越要找出一個能感激的觀點，有時候，轉變逆境的關鍵，也許就隱藏在樂觀的心態中呢！

別小看簡短的感謝之語

史蒂文斯先生在軟體公司裡做了八年的程式設計師，一直以為會在這家公司待到退休，拿著優渥的退休金頤養天年。

然而，人算不如天算，這家軟體公司突然倒閉。這個時候，史蒂文斯的小兒子剛出生，背負著龐大的經濟壓力，他投了履歷到各家企業，期待回音。一個月過去了，卻沒有任何一家公司通知他去面試。

終於，他在報紙上看到招聘程式設計師的工作，待遇相當不錯。之前待在軟體公司的工作經驗讓他對自己深具信心。他拿著履歷，滿懷希望地趕到公司應徵職缺。

經過簡單的面試之後，公司通知他一個星期後參加筆試。史蒂文斯憑著踏實的專業知識，在筆試中脫穎而出，接到了公司的另一個通知，上面寫著：「恭喜您通過第二階段的筆試，兩天後本公司將舉行第三階段的面試，還請您務必準時出席。」

面試之前，史帝文斯事先模擬了好幾種可能會被問及的方向，並準備了完善的應對內容。他信心滿滿，堅信自己能順利通過面試，取得程式設計師的職位。然而，當主考官請他談談軟體業未來的發展方向時，史蒂文斯愣住了，他並未認真思考過這類涉及發展性的問題，所以，最後他沒有被錄取。

雖然自己無緣進入這家公司，但史蒂文斯覺得公司對軟體業發展的前景，有獨特的見解，主管所說的內容讓他獲益良多。基於自己得到的收穫，有必要寫封信給公司，以表達感謝之情。於是立即提筆寫道：「感謝貴公司提供了筆試、面試的機會。雖然沒有機會為公司效力，但獲益匪淺，謝謝！」

這是一封與眾不同的信，沒被錄取的人竟然毫無怨言，還寫了一封感謝信，真是前所未聞。這封信最後被送到總裁的辦公室。總裁看了信後，默默地將它收進了抽屜中。

三個月後，史蒂文斯收到一張精美的賀年卡。上面寫著：「親愛的史蒂文斯先生，如果您願意，請和我們共度新年。」史帝文斯看到寄件人的相關資訊，賀卡正是從那家軟體公司寄來的。應邀赴約之後，史蒂文斯才明白，原來是公司出現了空缺，正當主管們準備發出應徵的廣告時，總裁直接點名史蒂文斯來接替這個將要離職的員工。

這家公司就是聞名世界的美國微軟公司。十幾年後，史蒂文斯憑著出色的業績而不斷受到拔擢，最終做到了副總裁。

如果史帝文斯沒有寄出那封飽含感謝的信，就算公司有了空缺，總裁也不會想到他。從這段經歷可以得知，就算是遇到低潮，生活看似沒有進展，也不要因此憤怒、焦躁不安。相反的，盡量懷著善意待人接物，機會就可能在適當的時機來臨。

感恩充實了生活的內涵

一次，美國前總統羅斯福家遭小偷，朋友聽到消息就趕忙寫信安慰他。羅斯福給朋友的回信是這樣的：「親愛的朋友，謝謝你來信安慰我，感謝上帝，被偷去的只是財物，而沒有危害到我的生命；再者，我只有一部分的財產被拿走；最值得慶幸的是，做小偷的人是他，而不是我。」

遇到同樣的情形，一般人可能會因此而氣惱不堪，抱怨小偷的不良舉止。但是，羅斯福卻跳脫了這樣的情緒框架，以完全不同的角度看待這件事情。所以，即便有一些財物的損失，他卻能感謝上帝。在怒氣沖天的時刻，我們需要的也是這樣的轉念。

感謝能平息胸中的怒火，但是，在生氣的當下，我們為何會被情緒牽著走，而無法藉由冷靜下來？其實，懂得感恩的人生觀，需要長期的培養才能成就。

仔細觀察社會之後，就會發現，一些草根性濃厚的市井小民、或是那些歷經艱辛才創業成功的大老闆往往是最具備這種品格的人。而他們彼此的共通點，就在於生活中的磨練。走過了艱苦，深刻地理解到一切得來不易，才能珍惜目前擁有的境遇。

分享一部我相當喜愛的電影作品，由葛優與鞏俐主演的《活著》。主角在環境優渥的時候極度揮霍，直到面臨傾家蕩產的困境與死亡的威脅，才學會珍惜家人與境遇。到了最後，主角們的生活雖然依舊相對貧困，但是，他們知足的人生觀，卻比許多美滿的結局更深刻。所以，在電影結束的時候，留在我心中的，是當中所傳達出來的生命力，感動之餘，也體會到平淡的幸福。

感謝的人生觀需要時間去培養，所以，當我們依然為了眼前的障礙感到氣憤，無論如何都無法控制自己的心情時，也不需要太過懊惱。等到你跨越了各式各樣的困難後，

心境或許就會轉變。那個時候的你或許就不會再被憤怒控制，而能沉著地處理問題了。

沉澱情緒雜質

現實生活中，有些人常有愛抱怨的壞習慣：「今天真倒楣，被老闆訓了一頓」、「心情糟透了」、「又塞車，煩死了」、「物價上漲這麼多，怎麼過日子啊」……種種的抱怨，驅離了快樂的思維，讓他們遺忘了其他開心的事；自己煩躁不安，也將這份鬱悶傳染給生活圈中的其他人。

其實，大部分的抱怨，都只是不值得花心思煩惱的小事，只要你願意，隨時可以一笑置之。想想昨天使你不愉快的事情，不都已經成過去了嗎？過了一年，那就只是一年前的小插曲而已了。既然愉悅與悲傷都會消逝，為何不放自己一馬，從氣惱的情緒中解脫呢？

大多數的心理學家都認同一個規律：「在水中放進一塊小小的明礬，就能沉澱所有的雜質；如果在我們的心中培植一種名為感恩的種子，則可以消弭許多的浮躁與不安，讓我們遠離不幸，親近陽光普照的理想園。」

怒氣蔓延的方式其實與「骨牌效應」很類似，一不注意，就可能讓些微的不滿擴大

消消氣Tips

◆感恩是幸福的起點，也是一個人能奮發向上的泉源。因為感恩，所以惜緣、惜福，而不會為了小事就感到惱怒不已。

◆遭遇打擊時，不妨試著用善意解讀眼前的不順，這樣的做法或許能帶給解決困境的好方法呢！

成無法遏止的憤怒。這種時候，保持理智是一種方式，感謝則是另外一種可以嘗試的途徑。

下次面對無法跨越的困難，因而感到挫敗、氣惱時，不妨先停下自己的腳步，想想那些讓你喜愛的事物吧！甚至也可以去創造一個情境，比如找朋友傾訴，感受人情的溫暖，並謝謝朋友的陪伴。沉澱了思緒之後，高漲的憤怒便會隨之逐漸緩和下來。

有了感恩，生命就會得到滋潤，不用隨著不滿與懊悔而情緒起伏，人生也會閃爍著鑽石之光。那麼，我們要怎麼做，才能傳遞出這份感恩之心呢？這裡舉幾個簡單的例子供大家參考你可以：寫一封飽含謝意的書信，或做一張小卡片，只要信中有傳達謝意的關鍵字，他人就能理解你的心意。當然，表達謝意的方式有很多，有些人會給予擁抱，甚至是直接將對他人的感激說出口，不用侷限於形式，只要真心地去做，就一定能傳達出你的善意。

當我們接收到別人誠摯的謝意時，心情會因而變得舒坦；同樣的，對旁人釋出善意，對方也會因而感到喜悅，也許能減低彼此的摩擦，同時也排除了生氣的機會。所以，不要以為感恩只是對付憤怒的一種手段，一句「謝謝」的影響力，永遠比你想像得更深遠。

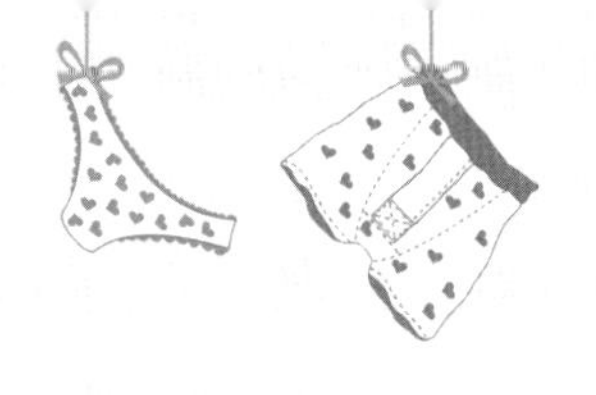

愛情中千萬不要做的50件事

獻給等愛、想愛、錯愛，但始終信仰眞愛的你

我們究竟在愛中犯了什麼錯？最後兩敗俱傷，還賠上青春年華。
用愛的微光照亮內心的陰影，遠離愛的光怪陸離，
延長戀愛的賞味期限，有時候只需要一顆理解的心。

定價250元

新一代療癒系都會愛情作家
陳 欣兒
聽得見你心碎的遺憾……

【名人眞心推薦】

有衝突時，靜下來，站在對方的立場重新看一遍。
奇哥童裝董事長　陶傳正

尋找眞愛必須有打不死的蟑螂精神！
愈挫愈勇，從經驗中提煉。
知名主持人　阿雅

新絲路網路書店：http://www.silkbook.com，網路訂購另有折扣
劃撥帳號50017206 采舍國際有限公司（郵撥請加一成郵資，謝謝！）

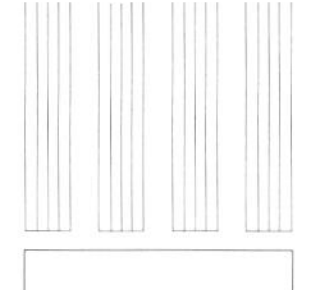

請貼3.5元郵票

235 新北市中和區中山路2段366巷10號10樓

啟思出版

企劃部　收

（請沿此線反摺、自行裝訂寄回）

我的情緒，我自己決定！

消消氣，別跟自己過不去。

心靈Spa 讀者回函卡

感謝您購買本書
請您將寶貴的意見寄回
我們將針對您給的意見加以改進

姓名/　　　　　　　　　　　性別/　　　　星座/

年齡/□15歲以下・□15歲以上～20歲・□20歲以上～25歲・
□25歲以上～30歲・□30歲以上～35歲・□35歲以上

電話/（H）　　　　　　　　　（O）

地址/

E-mail/　　　　　　　　　　　□願意收到新書資訊

職業/□公（包含軍警）□服務□金融□製造□資訊□大傳
□自由業□學生

學歷/□國中（以下）□高中（職）□大學（大專）
□研究所（以上）

吸引您購買本書的原因

請寫下您給本書的建議

您喜歡閱讀什麼類型的書刊？（生活、財經、小說……）

國家圖書館出版品預行編目資料

消消氣，別跟自己過不去 / 黃德惠 著.
-- 初版. -- 新北市 : 啟思出版, 2012.06
面； 公分
ISBN 978-986-271-220-7 (平裝)

1.情緒管理　　2.生活指導

176.52　　101007830

我的情緒，我自己決定！

消消氣，別跟自己過不去。

消消氣，別跟自己過不去

出版者◤啟思出版
作者◤黃德惠
品質總監◤王寶玲
總編輯◤歐綾纖
文字編輯◤劉汝雯、何牧蓉
美術設計◤蔡億盈
內文排版◤新鑫電腦排版工作室

本書採減碳印製流程並使用優質中性紙（Acid & Alkali Free）最符環保需求。

郵撥帳號◤50017206 采舍國際有限公司（郵撥購買，請另付一成郵資）
台灣出版中心◤新北市中和區中山路 2 段 366 巷 10 號 10 樓
電話◤(02) 2248-7896　傳真◤(02) 2248-7758
ISBN◤978-986-271-220-7
出版日期◤2012 年 6 月

全球華文國際市場總代理◤采舍國際
地址◤新北市中和區中山路 2 段 366 巷 10號 3 樓
電話◤(02) 8245-8786　傳真◤(02) 8245-8718

全系列書系特約展示
新絲路網路書店
地址◤新北市中和區中山路2段366巷10號10樓
電話◤(02) 8245-9896
網址◤www.silkbook.com

線上 pbook&ebook 總代理◤全球華文聯合出版平台
地址◤新北市中和區中山路 2 段 366 巷 10 號 10 樓
主題討論區◤www.silkbook.com/bookclub　●新絲路讀書會
紙本書平台◤www.book4u.com.tw　●華文網網路書店
電子書下載◤www.book4u.com.tw　●電子書中心 (Acrobat Reader)